給

所有在「會眾之家」的弟兄姊妹

「你們就是我們的榮耀，我們的喜樂」

（帖前二 20）

並給

威丁頓（Maurice Withington）

他是上帝其中一位真正謙和的人

Total Church

A Radical Reshaping Around Gospel and Community

教會重塑系列

全是教會

踐行中的福音與羣體

查斯特、添美斯 著

曾景恒、趙半農 譯

基道出版社

▼

Re: 教會重塑系列

全是教會

踐行中的福音與羣體

Total Church

A Radical Reshaping Around Gospel and Community

作者
查斯特 Tim Chester
添美斯 Steve Timmis

譯者
曾景恒、趙半農

責任編輯
吳國雄、梁冠霆

裝幀設計
奇文雲海．設計顧問

■

出版／發行
基道出版社
香港沙田火炭坳背灣街 26 號富騰工業中心 1011 室
LOGOS PUBLISHERS
Unit 1011, Fo Tan Ind. Centre, 26 Au Pui Wan St., Shatin, Hong Kong
電話：(852) 2687-0331 傳真：(852) 2687-0281
網址：http://www.logos.com.hk

承印
陽光印刷製本廠

●

4/2014 初版
Cat. No. LP380
ISBN: 978-962-457-476-0
Originally published in English under the title:
Total Church: A Radical Reshaping Around Gospel and Community

刷次	10	9	8	7	6	5	4	3	2	1
年份	2023	2022	2021	2020	2019	2018	2017	2016	2015	2014

序

你可以從一個人的朋友得知很多關於他的事。

我覺得，很多離開教會和不上教會的人，都是從耶穌的朋友身上得知耶穌的事的。即使聽來教人不安，但人們是藉著察看那些掛著祂名字的人，建構他們對耶穌的觀念。

光躲在「不要看我們——要看基督」的說辭背後，並沒有用。真相是，從英國教會聚會的出席率看來，他們**正在**看著我們，並接著選擇不打攪耶穌。

本書的作者注意到這個問題，並用他們自己的方法，定出一系列的行動，要把情況扭轉過來。他們屬於英國北部一個名為「會眾之家」（The Crowded House）的基督徒羣體。這是一個勇敢的嘗試，以不一樣的方式運作教會（do church）；那不是為了追趕潮流，追逐甚麼新的點子，而是認真地在後現代世界中從事基督教的宣教工作。他們嘗試在當地羣體的處境裏，活出基督的福音，並在這樣做的時候，吸引他人活出個人第一身的、活潑的信仰。他們嘗試成為不一樣的教會，賦予教會一種容易看見、容易理解、「跟我們一起吧」的感覺。你手上拿著的這本書，只是這個信仰旅程的產物之一。

有好些原因為何其他教會要感謝查斯特（Tim Chester）和添美斯（Steve Timmis）的努力。第一，關乎第三個千禧年中之教會形態及教會優次這一主題的著作，雖早已填滿了好幾個書架，但這本書仍然是**適切**的。身為對那討論有少許貢獻的人，我歡迎其他人提出意見，加添新的見解。但是，我尤其感到歡喜，因為這本書很「**到地**」（earthed），沒有掉進一種陷阱，也就是埋首於一些在課室裏聽來很酷、卻無法落實的理論之中。這是一本由踐行者（practitioners）撰寫的書——而它亦顯明了這一點。

我覺得，這是一本具**挑釁性**（provocative）的著作，而我是正面地、從擴展信心（faith-stretching）的角度來使用挑釁性這個字的。我不完全同意他們的論據和結論（有時候，他們實在需要與更廣大的讀者羣接觸），但我喜歡那些引發我作出回應的著作，就像這本書。（我在飛機上邊讀邊大聲叫了出來，這實在頗令人尷尬。）

我欣賞他們著作中的那份**誠實**，他們坦承這本書是關乎原則與異象，而不是要描寫完美的踐行（practice）。這種誠實的態度，使我們這些活在本地教會（local church)的混亂景況中的人產生共鳴，因為我們知道，我們是正在閱讀現實主義者(realists)的文字，他們知道生命場景的掙扎是怎樣的。再者，即使宗教熱情似乎在太多地方早已聲名狼藉，但從本書感染一些它的**溫煦**也是好的。我們迫切需要重拾真正的熱誠(enthusiasm)——就從那些活在「上帝裏」(*en-theos*；“enthusiasm”的字根)的人身上重拾。

作者分享了已去世的紐畢真(Lesslie Newbigin)的觀念，即本地會眾(local congregation)是「福音的詮釋」(the hermeneutic of the gospel)——假如你想知道耶穌是怎樣的，看看教會就行了。而這是他們勇敢的嘗試，激勵我們要更像基督的新婦，而不要像叫人退避三舍的婦人。

我相信是斯托得(John Stott)，是他挑戰教會，要將福音處境化(contextualizing)——但不要將嬰孩連同洗澡水一同倒掉，他勸我們要保住嬰孩(福音的核心)，但將洗澡水換掉(我們在特定的文化處境裏「運作教會」的方式)。

查斯特先生與添美斯先生的目標是保住嬰孩，並給他一個全新的沐浴間。而它實在值得一看。

科菲(Ian Coffey)

二○○七年二月於日內瓦

致謝

非常感謝帕里（Katy Parry）和巴克斯特（Jen Baxter）一直忠心地提供協助，以及北部訓練學院（Northern Training Institute）一眾學生為我們進行額外的研究。此外，也感謝麥卡爾平（Steve McAlpine）為我們提供個案研究。在「會眾之家」的網絡中，有好些人對本書手稿提出了意見，提議我們添加資料。感謝「校園團契出版社」（InterVarsity Press, IVP）仝人：最先建議我們撰寫這個主題的韋爾遜（Brian Wilson），以及以她一貫的技巧在整個過程中引導著我們的特羅達（Eleanor Trotter）。也特別感謝我們的妻子珍妮特（Janet）與海倫（Helen），感謝她們始終如一的幫助與陪伴，也感謝我們的家人，是他們讓我們有時間寫作。

本書很多資料都是緣於「會眾之家」內外的對話和討論。本書實在是羣體的成果，而不是二人的作品；這正是我們在本書第十章所描述的羣體的詮釋（community hermeneutic）的例子。因此，把本書獻給我們在眾社羣中的羣體，似乎再適合不過。十分榮幸能夠「為所信的福音齊心」努力（腓一 27），這實非筆墨所能形容。

目錄

第二部　踐行中的福音與羣體

導言

亞倫（Alan）是一間細小的浸信會教會的領袖。他在製造業界工作了幾年，經過神學院的三年學習，他五年前來到這間教會，帶領他這羣郊區會眾。他見到好些人加入教會，但人數卻沒他想望的那麼多。他們有一個興旺的「媽媽親子小組」、紮實的青少年事工，以及一個有水準的音樂小組；然而，亞倫卻仍然感到教會所做只是隔靴搔癢。說真的，事奉好像變成了工廠的生產線一樣：大量快速生產講道、舉行眾多活動、嘗試推動一波又一波的福音熱。假如有另一個運作教會的方式就好了。

波比（Bob）青少年時期在一間充滿活力的聖公會教會成為基督徒，並成為一個青年小組的領袖，後來更成為教區議會（Parochial Church Council, PCC）的成員。現在，他已不再上教會。上教會已成了一個擔子——一連串責任。過去，他一直被要求去做不同的工作。假如他沒有出席某些聚會，他就會被人質問，招來非議。教區議會成員間的紛爭，是最後的導火線。他不再上教會的那一天，他對妻子說：「我受夠了！」他依然會讀聖經，依然會祈禱，依然會告訴非信徒有關耶穌的事——如果他們傾談時聊到這一塊。他會說：「我只是暫時離開教會，稍稍休息一下。」當他與其他基督徒見面，他可以感受到對方並不認同他的做法。其實他自己亦有這種感受。他知道基督徒應該是教會的一部分，但要再回頭，他無法面對。假如有另一個運作教會的方式就好了。

在大學一年級時，嘉芙（Cathy）成為基督徒。那段時間實在太美好了，她花了很多時間與她的基督徒朋友在一起，一同討論信仰，一同祈禱，並與其他學生分享福音。但畢業兩年之後，她卻感到靈命乾涸。她每個星期天都會上教會，逢週三黃昏都會出席家庭小組。但她很懷念大學時期的親密關係。她懷念昔日的討論、熱誠與深宵的祈禱。她不時仍會因著那時候大家是如此幼稚而暗自偷笑；但她不禁想知道，「長大了」的基督教信仰是否真的較好。假如有另一個運作教會的方式就好了。

丹素（Denzel）是「提升」（Elevate）的創辦人之一。「提升」源自一個共同願望，要探討運作教會的新方式。從另類的敬拜場景，以及新興教會運動（emerging church movement）的部分人士身上，他們得到啟發。聚會最初以月會形式進行，並會使用圖像、焚香與默想，之後漸漸變成了在酒吧舉行的週會。開始時它是那麼令人興奮。現在仍是一樣。做一些與別不同的事，使丹素精神煥發。但他也有些擔心，他懷疑聖經沒有得到應有的重視。而且，雖然有好些不滿現狀的基督徒加入，但他們卻似乎未能影響到非信徒。而當中幾個成員在上星期更探問，究竟其他宗教的信眾是否真的需要成為基督徒。討論中大家都可以安心發問，但是丹素卻感到不自在。他認為他們另有目的，而他自己則肯定不想回到用詩歌間場以及講道的臼窠裏去。但他也愈來愈擔心，大家所獻的究竟是怎樣的祭。假如有另一個運作教會的方式就好了。

這些人物都是虛構的，但他們的故事全都是根據真實的對話與真實的經歷而寫成。

作者的故事

或許，你會對添美斯（Steve Timmis）的故事有共鳴。添美斯是英國北部一個工人階級社區的教會的牧師。這是他的第一份差事，也算是一趟嚴峻的考驗！教會歡迎人、關心人，細小而親密。回首往昔，儘管初期也要面對不少困難，但要找到一處更好的地方，可以讓一個年輕人在事奉中得到如此栽培的，實在不易。大家都很愛主，並且他們在愛上帝的話語和上帝的子民中，將這份愛主的心展現出來。隨著時間過去，大家的生命被恩典改變，教會漸漸成長起來。

但是，在一切美好背後，添美斯卻有一種揮之不去的不安感。教堂幾乎座無虛席，但仍有成千上萬的人在外邊。對他來說，要接觸這些人是困難的；可是，不知怎地，信徒一起組成的教會，對周遭的人來說，卻是完全無法觸及和不相干的。他們彼此相愛，又教導聖經，但他卻愈來愈留意到，教會與世界之間有一堵無法穿越的牆，雙方都難以逾越。

添美斯反思時，他看到兩個問題。第一，雖然他們用盡方法，忠心地、並以當代的方式傳講上帝的話語，但非基督徒卻鮮有機會聽到。第二，雖然添美斯深信，他們的羣體是一個彼此相愛的信仰羣體，但非基督徒卻鮮有機會接觸。假如有另一個運作教會的方式就好了。

查斯特（Tim Chester）的故事不一樣。他是「牧師的兒子」。他青少年時代快要結束的時候，他父親提出了一些重大的問題——成為教會，到底意味著甚麼？查斯特還記得，當人們想望著夢想中的教會可以是怎樣時，討論十分漫長。在大學時期，他有機會實現當中部分的夢想。他與其他基督徒住在同一屋簷下：一同吃飯、一同敬拜、接待他人、分享生命。他記得十分清楚，大家一同坐在破舊的桌子前，滿桌是吃剩的食物，一同禮讚聖餐。

但是，當查斯特畢業後和妻子海倫（Helen）移居到倫敦北部時，生活就不再一樣了。查斯特還記得他們第一次應邀出外用膳的情境。他倆以為這或許是當天，或許是第二天，大家便一起用膳，但對方卻說那是三星期之後。結果，那是他們生平的第一次到別人家中參加「晚宴」；這當然不是分享生命。假如有另一個運作教會的方式就好了。

關鍵原則

這本書主張，決定我們如何「運作教會」的，應該有兩個關鍵原則（key principles）：福音（gospel）與羣體（community）。基督徒蒙召要雙重效忠：忠於福音的核心內容，以及忠於信仰羣體的首要處境（primary context）。無論我們思考的是傳福音、社會參與、牧養關顧、護教學、作門徒（discipleship），還是教導，內容都一貫地是基督教的福音；而處境也一貫地是那基督徒羣體。我們所做的事，總是由福音來定義；而處境則總是教會中我們彼此的緊密關係。我們身為基督徒的身分（identity），是由福音與羣體來定義的。

以福音為中心（gospel-centred），實際上涉及兩件事：第一，它指以話語為中心（word-centred），因為福音是話語——福音是消息（news），也是一個信息（message）。第二，它指以宣教為中心（mission-centred），因為福音是被宣講的話語——福音是好消息，也是一個宣教的信息。

因此，或許我們實際上有三個原則！基督徒的踐行

（practice）必須（1）以福音為中心，即是以話語為中心；（2）以福音為中心，即是以宣教為中心；以及（3）以羣體為中心（community-centred）。

1. 以福音為中心
   - 1a. 以話語為中心
   - 1b. 以宣教為中心

2. 以羣體為中心

你或許會認為這聽起來是不言而喻的！但願如此。不過，就讓我們以導論的形式提出兩點。

1. 實際上，保守的福音派基督徒適當地強調了福音或話語，而其他人，例如那些屬於所謂新興教會的人，則強調羣體的重要性。新興教會是一個鬆散的運動，出現在一羣探索新教會模式的人當中。當對比自身的強處，每個羣體都會認為其他羣體是羸弱的。保守派擔心新興教會弱於真理，太受後現代主義（postmodernism）影響；而新興教會則指控傳統教會太過建制化、太過活動導向，且往往缺乏愛心、甚至有時有點苛刻。

身為作者，讓我們一開始就表明我們的立場。我們認同保守派所指的，新興教會往往弱於真理，但是，我們並不認為因此就要懷疑「羣體」的價值 。其實，我們認為保守派往往未能好好「活出真理」，正正是因為他們忽略了羣體。由於他們並沒有分享自己的生命，真理就沒有被用出來和活出來。

我們也認同新興教會運動所指的，在羣體方面，保守的福音派基督徒往往表現差勁。新興教會是一個廣闊的分類，也是「新興」（emerging）的事物，當中並沒有公認的神學或方法論；這就意味著，我們並未能對新興教會作出簡便的概括歸納。不過，很多運動的參與者似乎都低估了客觀的、上帝啟示的、絕對的真理之核心重要地位。這也許算不上是一種十分堅定的信念，但卻是其真實的發展軌迹。其他人則主張應以更多視覺媒介（圖像、象徵、另類敬拜）去補充或取代對話語之強調。我們不認為這是答案。事實上，我們認為新興教會有時在羣體方面也是很差勁的，因為這些教會忽略了真理。假如基督徒羣體不由真理主導，正如它理應的那樣，它可以是反覆無常或放任放縱的。而羣體亦會陷於一個危機，那就是成為只供我和熟人談論上帝的羣體——就像為了美劇《老友記》（*Friends*）世代而設的教會——由二、三十歲中產階級組成的教會。當然，並非所有自稱新興教會的都是這樣，但這的確是危機。惟有福音的真理可以跨越年齡、種族與階級的樊籬。

我們經常遇見一些反抗保守教會的人，他們經驗到的保守教會，其運作業已建制化、不真實，以及僵化。對他們來說，新興教會似乎是惟一的選擇。我們也遇見過一些來自較為傳統的教會的人，他們感到有需要轉變，但在新興教會中看到的相對主義（relativism），卻使他們卻步。對他們來說，現存的模式似乎是惟一的選擇。我們也遇見過一些來自新興教會運動的人，他們想以不同的方式運作教會，卻不欲接納後現代和後福音派（post-evangelical）的真理觀。我們相信有另一個選擇。我們需要對真理和宣教充滿熱誠，**同時**，我們也需要對關係和羣體充滿熱誠。

2. 嚴格地應用這些原則，有可能為我們運作教會的方式帶來一些根本性和全面的改變。攸關重要的神學，並不是我們所宣認的（profess），而是我們踐行的（practise），就如斯托得（John Stott）所言：「我們那些靜態的、缺乏彈性的、自我中心的架構，是『異端架構』（heretical structures），因為它們具體表達出一個關乎教會的異端教義（heretical doctrine）」。假如「我們的架構已變成它自身的目標，而不是拯救世界的途徑」，那麼，它就是「一個異端架構」。[1]

同時成為以福音為中心和以羣體為中心的意思是：

- 視教會為一個身分，而不是要不斷兼顧其他訴求的責任；
- 歌頌以日常生活作為宣講上帝話語的處境，以「談論上帝」為日常對話的常見一環；
- 少辦一些佈道活動、青年俱樂部（youth clubs）和社會項目，多花一些時間與非信徒分享我們的生命；
- 拓展及建立新的會眾，而不是擴展和發展現有的會眾；

- 與其他人一同預備聖經座談，而不是獨自一人研讀聖經；
- 採取全天候(24-7)的宣教和牧養關顧進路，而不是開展新的事工計劃；
- 由重視聖經教導，轉為重視學習聖經，並重視行動；
- 多花一些時間與社會的邊緣人士待在一起；
- 一天一天學習，學習彼此作門徒，並受教作門徒；
- 接受教會可以是混亂的，但卻不可以偽裝。

我們給這本書取名為《全是教會》(*Total Church*)。教會並不是一個你要參加的聚會，也不是一處你要進入的地方。它是我們在基督裏的身分，也是一個塑造我們整個生命的身分，使我們的生活和宣教「全是教會」。

這是否「有添加的福音」(gospel plus；即在福音之外，還需要另加上一點甚麼——這裏添加的便是基督徒羣體——並因而削弱了福音的拯救大能)?答案視乎你怎樣述說福音的故事，也視乎你把福音單純地視為上帝拯救個體(individuals)的故事，還是將福音視為上帝創造新人類(new humanity)的故事。

第一部「關鍵原則：福音與羣體」會概述聖經的例子，讓福音和羣體成為基督徒生命與宣教的中心原則。第二部「踐行中的福音與羣體」，則會在教會生活的各方面應用這雙重焦點。行動主義者(activists)或會有意跳過第一部，直接進到第二部，可是第二部的應用與第一部概述的信念，是緊密相連的。我們不單單要就教會生活整合出一系列「好點子」;我們試著探討的是:恆常專注於聖經故事中的福音話語以及福音羣體，究竟有何當代含義?

我們是誰

於此，讓我們簡介一下我們(添美斯與查斯特)所參與的事工，可能會有幫助。「會眾之家」(The Crowded House)是一個由宣教的會眾(missionary congregation)組成的網絡，當中大部分會眾都在家裏聚會。我們歡迎沒有上教會的人，嘗試以此方式「運作教會」。我們十分強調彼此分享生命，並歡迎非信徒加入我們的關係網絡，而教會正是由這些關係網絡組成的。這亦意味著，我們是藉著建立新的會眾、而不是尋找更大的建築物來增長。

然而，這本書並不是為支持家庭教會(household church)而提出的論據。在我們的會眾當中，並非所有人都是在家裏聚會的。我們相信，我們所概述的原則可以、亦應該應用在所有會眾身上。這本書也不是「會眾之家」的記述，我們並不認為我們從事宣教和運作教會的方式，是「正確的方式」或者「惟一的方式」。這也不是一個「即食」的模式，即不經任何調整，就可套用在大家的處境當中。我們在本書所說的大部分內容，都是我們渴望達成的夢想——可惜還不是我們已經做到的！這不是對實踐的描述，而是一本關乎原則、異象與盼望的書。

我們在書中收錄了一些故事，為的是鼓勵讀者作出具想像力的回應。我們經常看到，很多人只單單按他們現有的做法去思考原則。在另一端，有些人則看見，原則與現有的做法之間存在著巨大的鴻溝，以致他們會認為，追求原則是徒然的。缺乏想像力會阻礙我們應用聖經。我們聽到聖經向我們說話，卻發現它與當下的經驗相距太遠，以致無法感受它，或者索性將它擠進我們當下的經驗之中。我們需要聖靈所激發的想像力，圍繞福音話語和福音羣體，重置教會和宣教。

我們一同撰寫這本書，因此用了複數代名詞（我們）。但是，當我們描述其中一人所經歷的故事時，我們會用單數代名詞（我）。

註釋

1. John Stott, *The Living Church*（IVP, 2007）, 58.

第一部

關鍵原則：福音與羣體

Gospel and Community in Principle

1

福音，為甚麼？

Why Gospel？

我們或會說：「證明有上帝吧！我們就要求這麼多⋯⋯」腓力對耶穌說：「求主將父顯給我們看，我們就知足了。」（約十四 8）腓力渴望得見上帝，渴望屬靈經驗，渴望榮耀的顯示以及大能的作為。然而，他得到的卻是一個說話的人，因為耶穌回答說：「人看見了我，就是看見了父。」在耶穌身上，並在「我對你們所說的話」（十四 9～10）之中，上帝給揭示出來。

今天，人們渴望得見聖者，或者想得到上帝存在的證據，或者想知道生命的意義，或者只想人生有點方向感。有些人想有屬靈經歷，或者經歷到大能的作為。有些基督徒認為理性的護教論證能夠說服人。另一些基督徒則相信教會需要行神蹟奇事。可是，今天要認識上帝，卻依然是透過「我對你們所說的話」。

耶穌繼續說：「我對你們所說的話，不是憑著自己說的，乃是住在我裏面的父做他自己的事。」(約十四10)我們以為耶穌會說：「透過我所說的話，父在說祂的話。」但是祂卻走得更遠。透過耶穌所說的話，父在作祂自己的工。上帝今天更透過福音的宣講來作工。每個基督徒都可以作耶穌所作的工：「我所做的**事**，信我的人也要做，並且要做比這更大的**事**，因為我往父那裏去。」(十四12，強調為後加的)當我們宣講耶穌的話語，上帝就會作祂的工。「更大的事」，並不是更耀眼的神蹟，就像我們應當定期施行比「叫拉撒路從死裏復活」更大的神蹟似的！約翰已為那「更大的事」下了定義：「……還要將比這更大的事指給他看，叫你們希奇。父怎樣叫死人起來，使他們活著，子也照樣隨自己的意思使人活著……我實實在在地告訴你們，那聽我話、又信差我來者的，就有永生。」(五20～24；另見六29～30)更大的事，就是透過我們所宣講的福音，把人帶進永生。

試想像一下，你正在教導一羣青少年認識聖經，但他們大多都不專心。你努力既忠於經文，又使經文切合青少年的需要，但他們只是在互擲紙牌。這可能會驅使你玩一些遊戲，讓他們知道基督徒也可以玩樂，或者多唱點歌吧，讓他們在音樂中與上帝相遇。但正是在這種時刻，我們需要堅持信念，那就是上帝透過耶穌的話語被人認識以及作工。基督教事工必須以福音為中心。

當我們堅持要宣講福音，耶穌給了我們一個美好的應許：「你們奉我的名無論求甚麼，我必成就，叫父同兒子得榮耀。」（約十四 13）按約翰福音所載，當子賜下永生——也就是耶穌應許要做的「更大的事」（五 20～24），而這是透過我們所說的話來成就的——父就因此得榮耀（十七 1～5）。當我們祈禱的時候，耶穌應許要做更大的事，那就是奉祂的名賜下生命——這名就是我們在福音中所宣告的名。

上帝透過祂的話語施行管治

基督教是以話語為中心的，因為上帝透過祂福音的話語（gospel word）施行管治。在約翰福音十四章，當耶穌提出教導，指上帝是透過祂的話語來作工時，耶穌是在思考救恩故事的共同原則（common principle）。

起初，地是空虛混沌，上帝**說**：「要有光」，就有了光（創一 1～3）。透過祂的話語，祂從混亂中帶出秩序，從黑暗中帶出光明（約一 1～3）。哪裏聽不到上帝的話語，混亂與黑暗就會再次迫近。當耶利米領受將臨的上帝審判的異象時，他說：「我觀看地，不料，地是空虛混沌；我觀看天，天也無光。」（耶四 23）「空虛混沌」正是創世記一章 2 節所用的希伯來表達，描述上帝之創造性話語（God's creative word）出現前的混亂和黑暗。

亞當和夏娃要藉著遵守上帝的命令，不吃那樹上的果子，以示他們忠於上帝之掌權（God's reign）。這正是為甚麼拒絕上帝的管治，亦以拒絕上帝的話語來開始。

蛇慫恿女人質疑上帝的話語（創三1），繼而否定上帝的話語（三4）。而女人就被那些看似「悅人的眼目」（6節）的東西主導著。當人信靠和遵守上帝的話語，祂就在管治；當人不信靠和不遵守上帝的話語，祂就被拒絕。

當上帝呼召亞伯拉罕，祂開始了祂的計劃，恢復祂的管治，並創造一羣新人類。祂說出應許。祂應許亞伯拉罕，他的後裔要成為認識上帝的子民，承受蒙賜福的地土，以及萬族都要因他得福。這是引導著聖經故事發展的應許。上帝使祂的子民從埃及得釋放，是因著祂對亞伯拉罕的應許（出二23～25，三15，六8）。保羅稱這是上帝早已宣告的福音（加三6～9）。應許，是關乎「將來」的話語，而這個將來的向導（future orientation），則賦予上帝應許其救贖的特性。這並非一個「是甚麼」（what is）的聲明，而是一個「將會是甚麼」（what will be）的聲明。應許的話語主導著亞伯拉罕的行動，使他離開吾珥，走上一個充滿盼望的朝聖之旅。上帝透過祂的話語，正在重新建立祂的管治。

當上帝使祂的子民從埃及得釋放，祂的話語藉西奈山上所頒佈的律法表達出來。摩西律法，以話語的形式頒佈；上帝透過它來管治祂的子民，他們正等候那將要來的救主。這是使人得釋放的律法，上帝賜下律法，為的是要賜福給祂的子民。蛇用嚴厲和獨裁來形容上帝的管治，是在說謊；現實是上帝的法則，是生命、賜福、平安與公義的法則。上帝藉著祂的話語施行管治，祂的法則為人帶來自由與喜樂。因此，詩人喜愛上帝的律法（詩一一九 77、97）。以色列人從法老的欺壓中得釋放。上帝那帶來釋放的律法，叫所有人都免受欺壓，並確保所有人都得著供應。路得的故事，優美地描繪了上帝那帶來釋放的話語（God's liberating word）之作為。當人藉委身於上帝的話語，活在祂的掌權下，外邦的寡婦就會被接納、受保護和蒙賜福。當上帝的子民藉遵守祂的話語，活在祂的掌權下，他們就會吸引列國歸向上帝。

但是，上帝的子民一次又一次拒絕祂的話語。百姓要求立王，因為他們希望像列國一樣，由君王管治，而不是由上帝透過祂的話語來管治（撒上八 7）。上帝賜給他們一個君王，但同時也興起先知，好呼召子民回到祂的話語。君王要在上帝的法則之下施行管治，而上帝的法則以祂的話語來表達（申十七 14～20）。先知要引導君王，以致君王是在上帝的權柄之下施行管治。這是理想的情況。然而，更多時候，先知要不斷提醒君王，呼召他回到上帝的話語。先知的話語與君王的管治，兩者常常會出現衝突。

在希伯來正典中，舊約歷史書（約書亞記至列王紀下）被稱為前先知書（Former Prophets）。在這些書卷中，最主要的力量，不是列王和強國，而是從耶和華的先知而來的話語。上帝的話語是全權的（sovereign）（參例如王上十三章）。假如百姓忠於聖約，按申命記所載的應許，他們會得到賜福；假如他們不忠，就會受到咒詛

（申二十八～三十章）。這是列王紀作者解釋歷史時使用的原則。臨到以色列身上的種種，是因著那些咒詛應驗了。上帝的話語是全權的，因此有些事不容更易。臨到以色列的災禍，是出於上帝律法的審判和毀滅能力。上帝的話語奠定一切，不可更改。

但是，上帝子民的不忠，不能阻撓上帝的福音話語。上帝並沒有放棄祂對亞伯拉罕的應許。先知不單單說出審判的話，使耶路撒冷傾覆（藉尼布甲尼撒的手），他們也說出盼望的話。上帝應許差遣一位新的君王來到，這位君王要重新堅立上帝那帶來釋放的律法。那位君王就是耶穌。耶穌用一句話就醫好有病的人，並用一句話就把鬼趕出去（太八8、16）。祂說一句話，人就撇下所有跟從祂（可一14～20）。耶穌其實正是那活的上帝的道（the living Word of God）（約一1～3）。祂既是那位應許中的彌賽亞君王，也是上帝藉以施行管治的那道。

在信徒的生命和教會的生活中，上帝依然透過祂的話語施行管治。當人憑著信心去回應福音的信息，他們就成為基督徒。耶穌說：「我實實在在地告訴你們，那聽我話、又信差我來者的，就有永生；不至於定罪，是已經出死入生了。」（約五24；羅十17；弗一13；雅一18；彼前一23）真正跟隨耶穌的門徒，就是那些「遵守」祂的「道」（約八31；太四4）的人。是聖經使基督徒「有得救的智慧」，是聖經於「教訓、督責、使人歸正、教導人學義」都是有益的，並使我們「得以完全，預備行各樣的善事」(提後三 15～16)。希伯來書的作者說：「上帝的道是活潑的，是有功效的，比一切兩刃的劍更快，甚至魂與靈、骨節與骨髓，都能刺入、剖開，連心中的思念和主意都能辨明。」(來四 12)這就像上帝的話語在我們的靈裏進行激光手術，可以揭露我們的思想和動機。這也是惟一一面讓我們真正看見自己的鏡子，因為它是一面反照我們內心的鏡子(雅一 22～25)。

在約翰福音二章，當門徒看見耶穌所行的頭一個神蹟——在迦拿婚宴上將水變酒——就信了祂(約二 11)。在這個故事之後，接著的就是潔淨聖殿，以及耶穌宣告自己就是聖殿。約翰評論說：「所以到他從死裏復活以後，門徒就想起他說過這話，便信了聖經和耶穌所說的。」(二 22)有一種信，是從看見神蹟而來的，但真正的信卻是從聖經的話和耶穌的話而來。約翰繼續說：「當耶穌在耶路撒冷過逾越節的時候，有許多人看見他所行的神蹟，就信了他的名。耶穌卻不將自己交託他們；因為他知道萬人。」(23～24 節)耶穌不信任那種從看見神蹟而來的信。箇中理由實在不難理解。這樣的信就像一種「只能共富貴、不能共患難」的信。當神蹟施行、禱告蒙允、諸事順利，人們就相信；這不是那種失去孩子、患病，或遇上其他災禍時，仍能持守的信。堅忍的信(persevering faith)是從上帝的話語而來的。

在教會中，復活的基督透過祂的話語施行管治。這正是為甚麼惟一要求教會領袖要掌握的技能，就是能教導、正確理解和運用上帝話語。他們的權柄是間接的權柄（mediated authority），他們本身並沒有任何權柄。反而，當他們教導和運用話語，就代表基督行使祂的權柄。這說明了他們的權柄教人何其驚奇：當他們將話語運用出來，他們是在行使上帝自己的權柄。但是，這亦為他們的權柄設限：只有在教導上帝的話語時，他們才有權柄。他們不應行使從他們的職位和人格的力量而來的權柄。領袖透過他們的教導，行使基督——教會的頭——的權柄。

上帝透過祂的話語來擴展祂的管治

基督教是以宣教為中心的，因為上帝透過祂福音的話語來擴展祂的管治。在撒種的比喻中，撒種之人所撒的就是話語（可四 14）。當人「聽了道」，並且「領受」了，國度就得以增長（四 20）。基督的新家庭，是環繞著那些遵行上帝旨意的人組成的（三 35）。新以色列，則是藉著傳講福音來建立（14 節）。當人聽到和領受上帝的話語，國度就得以增長。對馬可的讀者來說，耶穌已然離去，並已升到天上，但馬可卻再次向他們保證，他們的君王透過祂的話語會繼續與他們同在。

天上地下所有的權柄都賜給耶穌了，所以祂差我們去教導萬民（太二十八 18～20）。透過傳講福音，耶穌得以在世上行使權柄。向人傳講福音，就是宣告國度，或者宣告上帝和祂的基督作王。我們藉福音命人順服耶穌。審判藉福音臨到拒絕祂的人。我們是那將臨的君王的使者，警告人祂將要來到。假如他們承認祂是主，他們就會經歷到，祂將臨的管治是福氣、生命與救恩；假如他們拒絕祂，他們就會經歷到，祂的到來是征服與審判。

使徒行傳是圍繞著那描述教會增長的扼要聲明（summary statements）來開展的，而上帝的話語，往往都是句子中的施動者（agent）：「上帝的道興旺起來」（徒六7）；「上帝的道日見興旺，越發廣傳」（十二24，十三49，十九20）。上帝國度的增長與上帝話語的廣傳是同義的。當話語激發人的信心，國度就因話語而增長。

聖靈的寶劍

我們常常將教會分為以話語為中心和以聖靈為中心（Spirit-centred），對某些人來說，星期天早上最重要的就是講道；對其他人來說，星期天早上最重要的卻是「敬拜的時間」或「事奉」。

我們拒絕這種兩極化（polarization）。我們關注要以話語為中心，與關注要以聖靈為中心，兩者並沒有抵觸。教會必須以聖靈為中心。教會是聖靈的羣體。這是一個活的羣體（living community），當中所發生的一切，全因上帝在作工。當我們在敬拜中受感、當人被上帝的話語改變、當我們在禱告中轉向上帝、當我們彼此關心、當我們行事無私，以及最重要的是當人蒙拯救——這全都是聖靈正在作工的記號（signs）。保羅說：「你們也靠他〔基督〕同被建造，成為上帝藉著聖靈居住的所在。」（弗二22）保羅說的，並不是甚麼理論上的實體，亦不是已臻完美的教會。這是一羣真真實實的本地會眾（local congregation），當中存在著各種問題。這羣體是由（by）福音所形塑，並為福音（for）而形塑，也是上帝藉著聖靈居住的所在。.

教會也可以走向知識主義（intellectualism；你所思考的至為重要）或情感主義（emotionalism；你所感受到的至為重要）這兩極之中。在一些教會中，心靈或情感的問題根本就得不到關注；我們的確承認心靈或情感的重要性，但它們對我們的生活影響甚微。我們當中有些人在談論與主的關係時，就是不喜歡流露情感。不過，我們只要看看詩篇，就會看到在真實的信仰中，情感是多麼重要。詩篇是上帝的啟示，揭示了我們當怎樣回應上帝的啟示，而這些回應正正包含了豐富的感情：懊惱（詩六篇）、熱情的讚美（九1～2）、憤怒（一二九篇）、哀傷（一三〇篇）、泰然自若（一三一篇）等等。我們要盡性、盡意，也要盡心愛上帝（太二十二36～37）。前人稱之為「體驗式的信仰」（experiential faith）。教會應該是一個有情感的羣體——在這個羣體中，人能夠「感受」和「明白」我們的信仰。

強調平衡，的確是不錯的主意，彷彿我們需要的，是一點話語加一點聖靈，或者一點知識加一點情感。可惜這毫無幫助。真相是，在聖經中，話語和聖靈總走在一起。

話語與聖靈均參與創造。世界是藉著上帝的話語造成（來一 1～2），但聖靈也參與其中，運行在水面上（創一 2）。「諸天藉耶和華的命而造；萬象藉他口中的氣而成。」（詩三十三 6）上帝藉著祂的靈呼出祂那創造性的話語，並藉著祂的靈將生氣吹進人類的生命中（創二 7；伯三十三 4）。

基督徒的經歷也一樣。當耶穌應許差遣聖靈，祂說聖靈「要將一切的事指教你們，並且要叫你們想起我對你們所說的一切話……只等真理的聖靈來了，他要引導你們明白一切的真理；因為他不是憑自己說的，乃是把他所聽見的都說出來，並要把將來的事告訴你們」（約十四 26，十六 13）。留意耶穌強調的是說話、話語、真理和教導。聖靈使我們認識基督所說的話，以及將祂的話落實在我們的生活之中，並使這些話活起來。它們並不是死的話、遠古的歷史、一套僵硬的指引和信仰的百科全書。藉著聖靈，它們成為活的、賜生命的上帝的話語（結三十七 1～4）。聖靈是真理的靈。保羅說：「聖經都是上帝所默示的。」（提後三 16）在希伯來文和希臘文中，「靈」和「氣」都用同一個字表達。上帝呼氣，呼出了上帝的話語；上帝的話語是「聖靈的寶劍」（弗六 17）。

不是從上帝的話語而來的屬靈經驗，就不是基督教的經驗。其他宗教也會有屬靈經驗。演唱會與心理治療也可以激發我們的情感。而且，並不是所有看上去像基督教經驗的，都是真確的。對聖靈的真確經驗，是回應福音的經驗。藉著聖靈，真理觸摸我們的心靈、觸動我們的情感，激發我們的意志。

這亦意味著，不能將人引向愛上帝、不能將人引向渴望遵行祂旨意——敬拜、流淚、歡笑、興奮或哀傷——的聖經研究與神學，是出了極大岔子的。真正的神學會引向愛、引向宣教，以及引向對上帝的讚頌（提前一5、7、17）。我們不應期待每次研讀上帝的話語時，都會感到異常興奮。我們所有人都會用不同的方式來表達自身的情感，但是，當我們研讀上帝的話語時，我們應該祈求上帝的靈不單單在頭腦上教導我們，同時也啟迪我們的心。

我們的其中一些問題是，我們往往假定了經驗上帝將是某種啟示：一個異夢、一把內在的聲音、一個平安的指引、一次相遇、片言隻語。密契主義（mysticism）與存在主義（existentialism）強化了這種假設。但是，我們卻沒有理由要求和期待得到從上帝而來的啟示，因為上帝已經在祂的兒子和在祂的話語裏啟示了自己，而上帝的話語是完全適切和足夠的。可是，聖經的確令我們期待著透過聖靈以其他方式經驗上帝：愛上帝、愛別人、有確據、有喜樂、有信心、有平安等等。話語和聖靈，讓我們對上帝有新的渴慕（羅八 5～9，十四 17；加五 17）。

真正的基督教經驗，是藉聖靈生發的經驗，而那是從聖經所載的耶穌裏之上帝啟示而來的。上帝透過祂的話語施行管治，聖靈則將祂的話語落實到我們的生活之中。聖靈使瞎眼的得看見，讓他們得見真理；並溶化冰冷的心，使他們得以回應上帝的話語。上帝的話語在聖靈的大能裏彰顯出來（徒十 44；林前二 4；帖前一 5～6）。若我們想看見上帝的聖靈在作工，我們就必須宣講上帝的話語。

我們甚至會說，以話語為中心與以聖靈為中心是同義的。當中的分別只在於我們無法控制聖靈。我們無法決定、甚至無法預計祂將在何時及如何工作（約三 8）。我們的職責是閱讀、聆聽、宣講、教導與遵行上帝的話語。聖靈的工作，是透過上帝的話語去作上帝的工。藉著聖靈，我們的話語便成為上帝活潑的道（撒下二十三 2）。因此，我們的生活和事奉，都要以上帝的話語為中心，同時祈求上帝的聖靈會透過這話語去作上帝的工。

總結

福音是話語，因此教會必須以話語為中心

以福音為中心，分為兩個向度。首先，它是指以話語為中心，因為福音就是話語。福音是好**消息**。福音是

一個信息。福音這個信息，可以用福音簡綱、甚至用「耶穌是主」這幾個字的認信（confession）來扼要歸納。但它也是一個填滿了整本聖經的信息。它是從創造到新的創造（new creation）的救恩故事。它是在耶穌基督裏體現出來的話語。正是這話語帶給人新生命，並塑造教會的生命。

福音是宣教的話語，因此教會必須以宣教為中心

其次，以福音為中心是指以宣教為中心，因為福音是宣教的話語。福音是個好**消息**。它是被宣講的話語。若不委身於宣講福音，你就無法委身於福音。

影響

因此，以福音為中心，是指以話語為中心及以宣教為中心。教會**藉**福音、並**為**福音而存在。在某程度上，這宣告是如此美好，如此理所當然，就如美國的媽媽會做美味的蘋果批那樣。很少基督徒會反對以福音為中心，就如沒有人會拒絕母親和母親親手做的蘋果批。問題是，我們的修辭與我們的實際踐行之間，有一道鴻溝。這不住挑戰我們，要我們將這個原則落實在教會的生活和事奉之中，不能妥協。

名字：貝芙

職業：就讀法律系的海外生

教會：於克魯克斯的會眾之家

「會眾之家，令我撕掉了自己生命的劇本，重新開始。」這時貝芙（Beth）還能夠笑著説這話，但她離開肯雅到達雪菲（Sheffield）修讀法律時，她在教會的經歷，是如此不同、又發人深省。「當有人問我是否想去會眾之家，我説：『會眾甚麼？！』但會眾之家令我回到起點，帶著不一樣的動機重新開始。」

貝芙此前已大致規劃好她的生涯：在英國修讀法律，然後碰碰運氣，看看能否在城裏當律師，希望最終可以賺到很多錢。現在，她視將來律師這份職業——或與非政府組織合作——是一個見證，見證著她所屬的基督徒羣體對她的挑戰。「當我們其中一位領袖辭去了他在銀行的工作，向以英語為第二語言的人教授英語，我説：『你這樣做是為了甚麼呢？』在加入會眾之家之前，我從未想過有人會這樣做。」

開始時是不容易適應的，因為貝芙在肯雅參與的是一間大教會：有好幾千人，並設有多堂崇拜。「最初我感到很難為情，」她説：「當我們這樣親密地走在一起時，我的罪似乎比其他人更加明顯。在我的家鄉，假如你與某人有嫌隙，你可以坐到禮堂的另一邊，永不用再見到他。」縱使有著這些差別，是甚麼説服貝芙留下來？「是友誼，」她説：「最後，我無法找到離開的理由。」

在貝芙生命中擊起的浪花，伸延到她的家鄉。她的父親並不是基督徒，卻驚訝克魯克斯（Crookes）的羣體對女兒照顧有加。有一次，貝芙返回肯雅，之後要於深夜回到雪菲，她的父親擔心她的安全。可是，當幾位領袖提議在車站接她時，她的父親簡直無法相信。「現在每次與他通電話，他都要我問候羅比牧師（Pastor Rob）和他的妻子，」她笑著説：「這真的令他有不少反思呢。」

有一個婦人曾經告訴我，身為英國人，融入美國文化時會遇上甚麼的困難。她的其中一個掙扎，是怎樣回應跟她説「改天讓我們一起吃頓午餐吧！」的人。她預期他們會來電，約個日子，但他們從來沒有這樣做。「改天讓我們一起吃頓午餐吧！」只是説再見的慣用語。我們都説：「讓我們參與宣教吧！」但是，這與「改天讓我們一起吃頓午餐吧！」的用意，有何不同呢？

有時候，我們會要人想像一下，他們是教會植堂小組成員，正處身世界某一角落的跨文化處境中：

- 當你要選擇住在哪裏，會考慮甚麼？
- 你會怎樣面對世俗的工作（secular employment）？
- 身為開荒的宣教士，你會期望自己的生活水平是怎樣的？
- 你會花時間做甚麼事？
- 你會尋找甚麼機遇？
- 你的祈禱是甚麼樣的呢？
- 你會嘗試跟新認識的朋友做些甚麼呢？
- 你希望在你身邊的是哪一種團隊？
- 你會怎樣一起帶領你們的聚會？

我們發現，當我們抽離現時的處境，我們的想法更容易變得徹底一些。不過，於此時此地，我們其實都是宣教士，與身處世界另一角落的跨文化小組成員無異。無論我們身處何方，宣教都是中心性的；無論我們身在何方，這類問題都是我們應該問的。

萊特（Christopher J. H. Wright）在他的著作《宣教中的上帝》（*The Mission of God*）中表明，聖經故事「全都與宣教有關」——上帝的宣教（God's mission），是藉耶穌基督拯救萬民，並使他們歸向祂。耶穌是故事的焦點，然而，祂的身分亦帶有宣教的意味（路二十四

45～48）。萊特主張，「這個徹底以上帝為中心的觀點，把我們對基督徒生命的慣常想法顛覆過來⋯⋯它立時迫使我們張開眼睛，觀看那幅宏大的圖畫，而不是躲在自己舒適的小天地裏自我陶醉。」

- 我們會問：「上帝在甚麼地方可配合我的生命故事呢？」但真正的問題是：「我這個渺小的生命，怎樣配合上帝之宣教的偉大故事呢？」
- 我們希望被目標推動，即希望度身訂造的個人目標，可以推動著我們；但我們應該看到的，是地上一切生命的目標——包括我們自己的人生目標——是包含在上帝對整個創造的偉大宣教中的。
- 我們談到「將聖經落實在我們的生活中」；可是，假設聖經是那實在（reality），即那真實的故事，是我們蒙召要遵從的，那麼將我們的生活落實在聖經之中，又是甚麼意思呢？
- 我們為「令福音切合世界」而苦苦掙扎；可是在這個故事裏，與上帝攸關的，是轉化世界，令世界配合福音。
- 我們所爭論不休的，是宣教工作包含哪些東西才合理，而那是上帝期望教會去做的；但我們應該問的卻是，上帝要哪一種教會去完成祂各式各樣的宣教工作呢？
- 我或會懷疑上帝為我預備了怎樣的宣教工作；但我

> 應該問的是，為了祂的宣教工作，上帝想要一個怎樣的我。[1]

在二〇〇三年三月，倫敦當代基督教學院（London Institute for Contemporary Christianity）連同協同會（Evangelical Alliance）聯合出版了一份名為〈想想我們可以怎樣得著英國〉（Imagine How We Can Reach the UK）的研究報告。這是涉及數以百計問卷、諮詢過多個教會領袖的大型研究項目的研究成果。這份報告的結論是：「英國教會的宣教工作沒有果效，是因為我們沒有使人作門徒，而這些門徒是可以在今天的文化中好好為基督而活，並深諳待人接物之道，又處處流露出具説服力的見證來的……耶穌有一個『接受訓練並差遣出去』（train and release）的策略，而我們總的來説則有一個『接受信仰並留在這裏』（convert and retain）的策略。」[2]在過去二十年間，我們製作了很多聲稱具創意的佈道材料，但對於基督徒如何將信仰與整個生活連繫起來，這些材料卻鮮有幫得上忙的。這份報告將問題歸咎於聖俗（sacred-secular）的二分：「充斥在我們當中的信念是，對上帝來説有些東西是很重要的——例如教會、祈禱、聚會、社會行動、啟發課程（Alpha Course）；但是，其他人類活動充其量只是中性的日文等幅工作、學校、大專、運動、藝術、閒餘活動、休息、睡覺」。結果：

> 對大部分基督徒來說，從來都沒有人幫助他們，讓他們看到他們是誰，以及他們每天在學校、工作間或俱樂部所作的，都是上帝看重的事；他們也看不到，原來每天在那些處境中與他們共處的人，都是上帝要他們代禱、祝福和作見證的對象。因此，我們會為我們的主日學老師祈禱，卻不會為例如學校的老師祈禱，即使他們每週都會花四十小時在學校中，與那些大體上不認識耶穌的兒童和成人待在一起。我們會為海外宣教士祈禱，卻不會為到我們鎮內的基督徒水電技工、建築工人、商店助理及經理祈禱……我們並沒有看到異象、沒有得到資源和支援，使我們在每天的處境中分享耶穌的好消息。[3]

會眾之家的其中一位領袖這樣說：

> 假如有人被差派到一個充滿敵意的海外環境中作宣教士，我們的態度大概會這樣：我們預期會經常為他們祈禱；我們會預期建立關係和分享福音的過程是緩慢的；我們會為小小的進展——這裏有一次福音對話、那裏有認識別人的機會——而興奮不已；定期從前線傳來的最新消息，會挑旺我們的心志。不過，真相卻

> 是，很多基督徒在工作間和消閒處的生活，其實與身處遠方的宣教士無異！他們都是在困難重重的環境中生活，進展往往亦十分緩慢，而很多因素令福音工作變得異常困難。把來自員工餐廳的消息，看成跟來自海外宣教工場的消息一樣寶貴，正是挑戰所在。

我們有一種族羣聚居處的心態（ghetto mentality）。我們認為教會由少數忠心、永不退後的人組成。但事實是，在一星期的七天當中，我們分散在世界各地，我們早已滲入了撒但的國度。日復日，我們教會的人，在其工作間、校園、社區及俱樂部，與非信徒擦肩而過。我們是麵團中的酵（太十三33）。〈想想我們可以怎樣得著英國〉的報告如此作結：「除非我們能夠創建開放、真實、願意學習和禱告的羣體，而這羣體會將焦點放在培育在生活各個層面都作門徒的人（whole-life disciples）——他們在日常的生活中，無論在甚麼情況下與人建立關係，均能活出和分享福音——否則，我們將永遠無法得著英國。」[4]

我們要面對的挑戰是，不但在禮拜日早上把福音當作我們生活的中心，也要在星期一早上如此行。這意即我們要在我們的團隊和領導架構中，不再區分「全時間工作者」、「部分時間工作者」，以及從事世俗工作的人。我們需要非全時間的領袖（non-full-time leaders），成為宣教式生活之榜樣——他們在生活各個層面過一種宣教式生活，並且能夠過一種以福音為中心的宣教式生活。這意即我們要把我們的工作間、家庭和社區視作宣教工場。我們需要好好經營「福音的關係」（gospel relationships），並為福音關係祈禱。這意即我們要塑造教會的文化，以致我們會將以下的做法視為常態：在世俗的世界中歡度每天的福音生活（gospel living），並討論我們可以怎樣為福音的緣故，善用我們日常的生活。

註釋

1. Christopher J. H. Wright, *The Mission of God: Unlocking the Bible's Grand Narrative* (IVP, 2006). 引於 Christopher J. H. Wright, "The Mission of God," *Evangelicals Now* (December 2006)。
2. Mark Greene and Tracy Cotterell, *Let My People Grow* (LICC, 2005), 3.
3. Greene and Cotterell, *Let My People Grow*, 3～4.
4. Greene and Cotterell, *Let My People Grow*, 5.

2
羣體，為甚麼？
Why Community?

弗格遜（Sinclair Ferguson）是蘇格蘭牧者和神學家，他評論提多書二章14節時如此說：「在這裏，以及許多別的地方，保羅都強調基督想創造『一羣子民』（a people），而不是單單叫相信他的人成為孤立的個體（isolated individuals）。」[1]我們並不是個別地被拯救的個體，得救後選擇加入教會，彷彿教會是某個俱樂部或支持小組。基督為祂的子民受死，當我們因著信而得蒙拯救，我們就成為基督為之而死的子民的一部分了。聖經故事，就是上帝成就應許的故事：「我要以你們為我的百姓，我也要作你們的上帝。」（出六7；啟二十一3）若福音要佔教會生活和宣教的核心位置，那麼，教會就同樣要佔福音生活（gospel living）和宣教的核心位置。斯托得說：

> 在上帝的永恆旨意中，教會處於非常中心的位置。它並不是上帝後來才想到的；它也不是歷史的意外。相反，教會是上帝的新羣體。祂的旨意，乃始於永恆的過去，在歷史中實現並要在永恆的將來中達致完全。這不只是為了拯救孤立的個體，並任由我們的孤獨永存；祂是為了建立祂的教會——即為著祂自己的榮耀，從世界將一羣子民呼召出來。[2]

基督徒羣體對基督徒身分而言是中心性的

在世界大部分地區，人們都會以集體的方式回答「我是誰？」這個問題。按照一句科薩語（Xhosa）格言，「一個人，是一個藉多人而成的人」。新加坡人、馬來西亞人、香港人、柬埔寨人、澳洲人、內地的中國人，全都宣稱，是親族關係將他們連繫起來。對很多穆斯林來說，成為伊斯蘭世界（*Ummah*）的一員，既是身分的肯定，但這身分同時亦要求他們效忠。這些文化的共通之處，是他們認為更大的羣體決定了你的身分。

然而，對大部分西方人來說，這個起始點卻教人愈來愈陌生。我們較少從**角色身分**（role identities）——例如職位或所屬組別——去看自己，而較多以**秉性身分**（dispositional identities）——例如性格特徵或行為取向——去看自己。「我是誰？」這個問題，漸漸成為一個鼓勵我為自己尋找答案或創造答案的問題。

我為自己建構的身分，跟我藉恩典而領受的身分，相去甚遠。教會，擠滿了想得到身分認同、或者想要證明自己價值的人。結果，我們都得不到肯定和滿足，或會貶低他人以強化自己的自我形象，或要依賴別人的認同，或者每當遇上任何事奉上的攔阻，就會自義或表現得十分脆弱。但對基督徒來說，關鍵的決定性關係（key defining relationship）是我們與上帝的關係。我是誰？我是上帝的孩子，是祂兒子的新婦，也是祂聖靈的居所；這個身分是藉恩典賜給我的。

不僅如此，聖經表明了我們是羣體性的受造物（communal creatures），被造成為上帝和別人的愛人。當論到人的時候，上帝並非單單下命令，還與之對話：「**我們**要照著我們的形像、按著我們的樣式造人。」（創一26）這對話顯明了上帝本身是社羣性的存有（social being），而非單獨的存有（solitary being）。因此，祂的形象不能由一個個體去承擔，而要由男人與女人共同去承擔（一27）。創世記二章表明了這一點，作者告訴我們，在一切的創造裏，惟一不好的是「那人獨居」（二18）。上帝的位格性（personhood）是按著關係來定義的。父是父，因為祂有子。上帝是羣體中的位格（persons-in-community）。人類的位格性亦同樣是按著關係來定義的。你不能成為一個不帶著任何關係的人（relation-less person），就如你無法成為一個沒有孩子的母親或沒有父母的兒子一樣。對我們人性（humanity）的三一式理解（trinitarian understanding），使我們明白到，我們應該按著我們生活中的關係網絡來定義自己：我是一個父親、丈夫、教會一分子、上帝的孩子。這關係網絡令我成為獨一無二的人（沒有其他人跟我有著完全一樣的關係網絡），但同時亦按著我與他人的關係來定義我。我不是自主的（autonomous），我是一個羣體中的人（person-in-community）。沒有跟他人連上關係，我就無法成為現在的我。[3]我們要向流行的個人主義式世界觀（individualistic world-view），說出復和、合一與上帝子民身分的福音信息。這或許是教會必須收窄的最重要的「文化鴻溝」。

藉著成為基督徒，我屬於上帝，同時我也屬於我的弟兄姊妹；但我不是先屬於上帝，接著才決定加入一間本地教會。我在基督裏之所是，意即我「與其他在基督裏的人一起」在基督裏之所是。這是我的身分，也是我們的身分。譬如總體來說基督徒不應該犯姦淫，但我們身為基督徒，卻犯了姦淫，這類比跟我們未能活出我們在基督裏的團體身分（corporate identity）相似。效忠於新的羣體，甚至取代了對血緣關係的效忠（太十 34 ～ 37；可三 31 ～ 35；路十一 27 ～ 28）。假如教會是基督的身體，那麼，我們就不應該活得像「無形體的基督徒」（disembodied Christians）那樣！

彼得寫信給正面對逼迫的基督徒，稱他們為世上的

「客旅」(彼前二 11)。這個詞的字面意思是「沒有家庭(family)」或「沒有家(home)」(*paroikos*)。羅馬帝國被視為一個家庭(*oikos*)，而凱撒(Caesar)就是當中的家長。但是，上帝的子民如今卻成為局外人(outsiders)，對他們當中很多人來説，歸信(conversion)，也可能意味著他們將被排拒於他們的直屬家庭及其支持體系。但是，基督徒被建立成另一個「家」(*oikos*；二 5)。這個家並不是一個教派族羣聚居的地方(sectarian ghetto)，因為它被召要以好行為去回應對他們懷有敵意的人(12 節)；這就如耶利米告訴在巴比倫的被擄者，要為那城求平安(耶二十九 7)。無論怎樣，教會都給予我們一個新的羣體和一個新的身分。

今天，假如歸信等於要人離開現有的人際網絡，那麼要人考慮歸信基督將往往是困難的，尤其是在少數羣體中(minority community)——例如同性戀羣體或少數族裔——與人有緊密連繫的人。他們需要一個新的家。在會眾之家，我們也看到一些人，他們最初並非因為對基督感興趣，而想成為我們教會羣體的一分子，而是因為他們想在現存的關係網絡之外，尋找更友善、更溫柔的關係網絡。在一個案例中，那是因為他們不想與其他來自家鄉的難民扯上任何關聯，因為在這些難民中，充斥著暴力與派系鬥爭的文化。在另一個案例中，他們想離開一羣濫藥的朋友。

名字：塞繆爾

職業：半職英語老師（TESOL；向以英語為外語的人教授英語的老師）

教會：在艾貝的會眾之家

「我們在家中執行一個名為『開放家門』（open-door）的政策，」我們圍著塞繆爾（Samuel）家中廚房的桌子，他笑著說：「還有一個叫『開放—雪櫃—門』的政策！」這位前英國海外基督使團（Overseas Missionary Fellowship UK）學生工作者，和他的妻子費安娜（Fiona）在會眾之家過著「充塞」的生活，但他們又決不會接受其他生活方式。

一同坐在桌前吃早餐的，是他們接待的其中一個寄宿者，一個尋求庇護的庫爾德族（Kurdish）青年，他所經歷的，比我們很多人一生要經歷到的還多。「對我們來說，會眾之家就如它名字的意義一樣——有很多人與我們一同生活，」塞繆爾說：「那亦容許我們的寄宿者的朋友，與我們的生活產生相互的影響。很多時候，我們早上下來，會看見有幾個庫爾德難民在客廳的地上睡覺。」

塞繆爾將部分時間用於在艾貝（Abbey）的會眾之家擔任領袖一職，此外，他一星期會有四個早上在當地一間學院向一羣以英語為第二語言的學生教授英語。教學是開拓視野的經歷。塞繆爾沒多久便發現，很多十六至十九歲上英語課的難民，他們的生命都十分破碎。他說：「我會嘗試在課室建立一個家，我會視之為我的工作。」

「家」的意象延伸至塞繆爾對艾貝的會眾的看法。另一個來自教會的青年基督徒，也在塞繆爾和費安娜的家寄宿。塞繆爾透露：「我們希望使人感受到我們的慷慨，並將我們所有的，分享出去，」並說：「我們也想那些分享我們的家的人，可以分享我們的哀傷和我們的喜樂，而這正是我們過著開放生活（open lives）的原因。」

塞繆爾享受與艾貝其他領袖一起備課的時間。「這是羣體的詮釋（community hermeneutic），」他說：「我們在聖經經文中所發現到的，從來都不是我們自己一個人的發現。」這種羣體性的學習（communal learning），延伸到會眾的聚會中，因為他們會將努力的成果帶到「家庭」中的其他人那裏。「那往往會變成詳盡及直接的對話，」塞繆爾說：「那正是我們最有教育果效的其中一些時間。」

塞繆爾和費安娜承認，他們所作的決定，

往往令他們的家人大感不解。用他們自己的話來說，他們是活在一個「有趣的」鄰舍關係之中，人們時常來來去去。然而，當被問及如何總結當中的感受，塞繆爾說出了「滿足」一詞。「我們相信，我們正活出美好的生命，」他說：「我們想獻出一些發自內心的東西。」

用來表示羣體的新約詞彙是“*koinonia*”，如今通常翻作「團契」，這的確是稍欠力度。這字與「共同」、「分享」、「有分」幾個字相關。我們是與子一同得分（林前一9）的聖靈羣體（林後十三14）：分享我們的生命（帖前二8）、分享財產（徒四32）、分享福音（腓一5；門6），並在基督的受苦與榮耀中有分（林後一6～7；彼前四13）。外邦的教會收集捐款，幫助耶路撒冷貧困的教會，正是“*koinonia*”的舉動（羅十五26；林後九13）。我們在「主餐」中，一同有分（*koinonia*）於基督的身體和血，禮讚並強化我們的羣體生活：「我們所祝福的杯，豈不是同領基督的血嗎？我們所擘開的餅，豈不是同領基督的身體嗎？我們雖多，仍是一個餅，一個身體，因為我們都是分受這一個餅。」（林前十16～17）

保羅寫信給帖撒羅尼迦的教會說：「我們的盼望和喜樂，並所誇的冠冕是甚麼呢？豈不是我們主耶穌來的時候、你們在他面前站立得住嗎？」（帖前二19）在帖撒羅尼迦的教會，是保羅對未來的投資。保羅的未來，跟帖撒羅尼迦的信徒和他們在信仰中的成長連繫在一起。在末了他所誇耀的並不是他做了甚麼，而是帖撒羅尼迦的信徒做了甚麼。他繼續說：「你們若靠主站立得穩，我們就活了。」(三 8) 這句經文直譯出來就是：「如今我們活著」。如今保羅的生命與教會緊扣在一起。

今天，普遍流行的生命觀，是個體為了他或她自己而活；人就像超人一樣，同時肩擔著不同的責任，像拋著不同的「雜耍球」：家庭、友誼、事業、娛樂、家務、抉擇與金錢。我們還可以加上社會責任，例如政治活動、機構推廣、居民小組與學校組織。

每隔一段時間，我們都會感受到壓力，因而會丟掉一顆球，或者丟掉更多。太多時候，教會成為了其中的一顆球。我們會把教會的各種責任（主要以出席率計算）當作雜耍球拋著，就像我們把工作或休閒的責任當作雜耍球拋著那樣。

另外一個模式，是將我們不同的活動和責任視為輪子的輻條；位於生命的中心或輪轂的，並不是我這個個體，而是我們——這個基督徒羣體的成員。教會並不是讓我拋擲的另一顆球；教會要定義我是誰，並將我的生命塑造得更像基督。

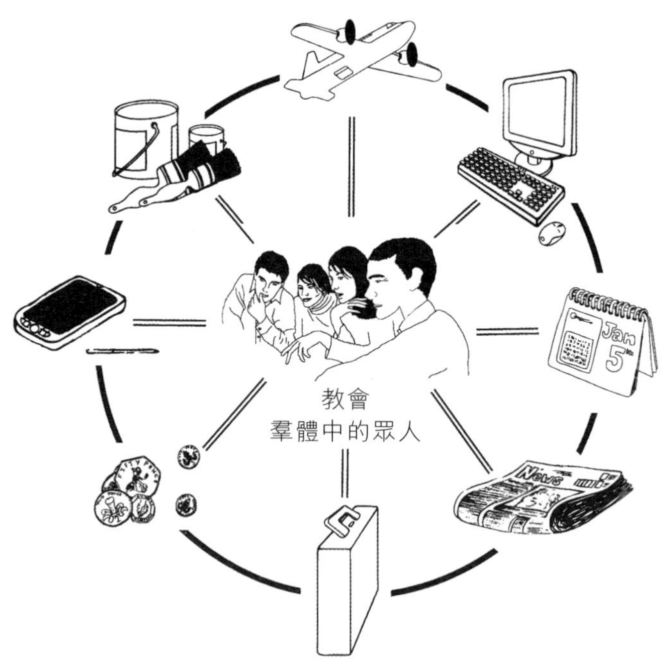

試想像一對青年夫婦波比（Bob）和瑪莉（Mary），他們投入了一羣本地會眾的生活中。瑪莉生了一對孖胎。擺在波比和瑪莉面前的，是時刻都要照顧孩子吃奶和幫孩子換尿布。在第一個模式中，要他們同時拋擲教會這個「雜耍球」及承擔新的家庭責任，是不可能的了。波比和瑪莉決定，要忘掉教會的活動，在前面的好一段日子，只保持最基本的參與。因此，他們下了一個單方面的決定，就是從大部分的教會生活中抽身而出。

在另一個模式中，當孩子出生後，那就不單單是波比和瑪莉的事了。這是整個教會的事，會眾肩擔起一部分責任，因為他們的身分和生活是「羣體中的眾人」（persons in community）。因此，或許每天早上會有幾個人輪流替嬰孩洗澡，使波比和瑪莉二人可以有時間一同吃早餐；又或有人可以接載波比上班幾個月，以致波比上班途中可以睡覺或讀聖經；又或他們可以一同祈禱，因為波比在家裏並沒有太多時間做這些事情。波比和瑪莉也許不會像以往一樣，參與那麼多教會聚會，但他們會比以往更投入羣體的生活。

根據這個模式，波比和瑪莉並沒有「丟掉」教會。反而，他們「羣體中的眾人」的生活，容讓他們能保持狀態！至於教會的其他人，當他們分擔照顧新生孩子的責任時，他們那一季的一些事務（工作、娛樂、交誼）便會稍為調節一下。

> 近幾個月，會眾之家的其中一個會眾羣體，要適應幾個重大轉變。一個來自巴基斯坦的會友要開始修讀一個英語課程，才能在她現有的工作之外，取得護士資格。這即是說，她的丈夫要肩擔更多照顧他們年幼兒子的責任，因此他就要減少在巴基斯坦羣體中事奉的時間。另一對夫婦，正在期待他們的第一個孩子來臨，而這個丈夫剛剛開始了自己的生意。一個青年人從半職工作轉為接受全職老師的培訓，而他的未婚妻亦開始了她的第一份全職工作。與其期望教會的成員獨自去適應這些生命中的轉變，其他人倒應一同思考，作為一個教會，這些轉變對他們有甚麼意義。他們檢討了他們的聚會時間，重新思考他們的福音機遇（gospel opportunities），並彼此分擔責任。

根據我們的經驗，人往往都會對羣體充滿熱誠，直到羣體開始干預到他們的決定。從他們的隻言片語，可以聽得出，他們仍然期望自己作決定。我們都假定我們是自己生命的主人。「這是我的金錢，這是我的生活，這是我的將來，」我們說：「因此，這是我的決定。」相反，在會眾之家，我們「期望彼此作決定時，要留意這些決定對教會的影響，並在諮詢教會後，才作重要的決定」。[4] 一個已婚男士必須顧及他的妻子和家庭，他要就著重要的決定諮詢他們。上帝的家也應該如此。保羅說：「我們這許多人，在基督裏成為一身，互相聯絡作肢體，也是如此。」（羅十二 5）我家裏有一輛汽車，那是屬於我們的，因此我們要對它負責，有關它的決定，我們也要一起作。同樣，在基督徒羣體中，我們也彼此相屬，因此我們要彼此負責，也要一同作決定。這並不是一種「高壓式牧養」的程序——由領袖告訴人要做甚麼。我們的宣言並不是說，要**為**人作決定；而是說，要**顧及**所屬的羣體而去作決定。這也不是由上而下的決定，而是一個羣體程序（community process），在過程中，所有人都要對所有人負責任。身為領袖，我們要向羣體交出我們的日程、優次與關鍵決策。

教會要成為世界的光。耶穌要求我們讓那光「照在人前，叫他們看見你們的好行為，便將榮耀歸給你們在天上的父」（太五 16）。若教會只是一連串各自獨立的責任，與其他一連串的責任一同被拋來拋去，像玩雜耍球一樣，它便永遠無法承擔耶穌託付給我們的使命。惟有當生命被羣體的身分貫注和轉化，這生命才能活「在人前」。惟有這種生命，才說得上是將榮耀歸給我們在天上的父。

基督徒羣體對基督徒宣教而言是中心性的

上帝是一位宣教的上帝，而上帝宣教的首要方式，是透過祂立約的子民來做宣教工作。人類按著三一上帝的形象受造，而「形象」旨在代表某些東西；而我們被造，是要在地上代表上帝。上帝將我們造成「羣體中的眾人」，使我們成為祂彰顯祂榮耀的媒介。但是，人類卻死命從上帝那裏攫取自主，結果我們便落在上帝的詛咒中，而人類羣體也因而變得支離破碎。擁有上帝形象者（image-bearers），虧缺了上帝的榮耀。

上帝以祂給亞伯拉罕的應許來開始祂創造新人類的計劃。上帝將焦點放在亞伯拉罕身上，但祂並沒有放棄其餘的人，因為地上的萬族都會因亞伯拉罕得福（創十二1～3）。儘管人類整體仍然保留了身為擁有上帝形象者的身分，但亞伯拉罕的家庭卻成了那片令上帝恩典得以照耀世界的稜鏡。這些應許的話語奠定了整個聖經故事的議程。上帝透過以色列，成就了祂對萬族宣教的心意。

亞伯拉罕的後裔離開埃及之後，上帝將他們組織起來，成為祂管治下的一個國家。惟有以色列「在萬民中」被召，成為上帝那「寶貴的產業」（出十九4～6）。然而，對列國來說，以色列這獨一無二的地位也是好消息。上帝發出呼召，要以色列成為「祭司的國度」。以色列的祭司透過解釋律法，在百姓中間代表上帝；並透過獻祭和代求，在上帝面前代表百姓。因此，整個國家便擔當著祭司的角色，讓列國認識上帝，並把列國引向贖罪之途。而他們也要作「聖潔的國」，被上帝「分別出來」，為著上帝，向列國反映祂的性情。這國蒙召遵行上帝的話語，活出可見的聖潔生活，從而將列國引向上帝管治下之生活（申四 6～8）。

以色列歷史的悲劇是，他們不單未能吸引列國遵行耶和華的道路，更反被引向遵行列國的道路。先知要不斷提醒他們，他們的身分是上帝立約的羣體（God's covenant community），肩負著對列國的責任。先知以賽亞雖然看見百姓不忠，但他也看到，終有一天，萬民都會「流歸這山」，因為列國都想在上帝管治之下生活，並享受祂的賜福（賽二 2～4）。「世界的命運，最終繫於以色列在列國中之存在；選民按著耶和華定下的方式生活，從而為著全人類而活」。[5] 以色列的宣教工作基本上是向心性的（centripetal；即朝向中心）。這國要作列國的光，如明光照耀，將列國引向上帝的管治。

但是，以色列未能活出其呼召所有的影響力。以色列的不順服，遮蓋了上帝的榮耀。列國徒然觀看，見到的只是審判。但耶和華不會因而懊惱。在以賽亞書中，祂應許要興起一位僕人（Servant），成全以色列的召命，上帝會透過這位僕人使列國得福，就如祂應許亞伯拉罕的。這位僕人要作「外邦人的光」，以致「給我的救恩，能夠施行直到地極」（賽四十九 6）。

馬太福音展開耶穌的記載時（太一 1），將祂描述為「亞伯拉罕的後裔」。這就是那一位（the One），藉著祂，上帝要使萬民得福。馬太福音結束時，耶穌差遣祂的門徒到萬民那裏去，透過教會的宣教賜福他們（二十八18～19）。在舊約中，宣教是向心性的（即朝向中心），現在宣教卻是離心性的（centrifugal；即離開中心）。

但是，宣教並非因此就不再具向心性。那吸引人的立約羣體，仍然是上帝成就祂對亞伯拉罕的應許之途徑。改變了的，是那個中心！那個中心不再是地理上的耶路撒冷，如今它是羣體本身，是基督應許常與他們同在的那個羣體（太二十八20）。羣體在全球延伸開去（一個離心性的運動），透過它的日常生活，一直吸引人來到它的主那裏（一個向心性的運動）。

在一座山上，在世人面前，耶穌開口教訓他們，使他們認識那話語，也就是將要管治祂羣體的話語，就如摩西在西奈山上向以色列人所做的那樣（太五1）。耶穌用鹽和光來形容那個新的羣體。有很多人談論鹽的防腐和潔淨特性，但耶穌之所以選用這個隱喻，並不是出於抽空想像：舊約聖經用鹽象徵上帝與祂子民的立約關係那不可破壞的本質（利二13；民十八19；代下十三5）。現在，耶穌稱祂那一小羣門徒為上帝新的鹽的羣體（God's new salt community），因為舊的鹽的羣體已失去了它的「鹽味」。有一次，耶穌公開提到被擄的審判，祂指舊有的羣體會被丟在外面，被人踐踏；新的羣體被形容為「世界的光」（太五14～16）。當以色列未能成為列國的光，以賽亞便應許那位僕人會扮演這個角色。耶穌表明自己應驗了這個應許（約八 12）。在這裏，耶穌表示，祂的彌賽亞羣體是世界的光。當列國在彌賽亞的管治下生活，遵行祂的話，上帝的榮耀就會光照他們。耶穌呼召出一個羣體，並賦予這個羣體一種具向心力度的宣教焦點（missional focus），而這正是以色列的召命必不可少的組成部分。

因此，教會並不是一些額外的或可供選擇的東西。在上帝的旨意中，教會佔了非常核心的位置。耶穌來，為的是要創造一羣子民，使之成為在祂管治下生活的楷模。這會是上帝國度之榮耀的前哨：天國的大使。這是讓世人看見成為真正的人是甚麼意思的地方。

我們人類的這個身分，是在羣體中找到的；我們身為基督徒的這個身分，是在基督的新羣體中找到的；而我們的宣教，是透過成為光的羣體來履行的。基督教「全是教會」（Christianity is "total church"）。

假如你喜歡這個基督徒羣體的異象，就在你身處的地方開始吧！你要活出這個異象的模樣，從而推廣這個異象。不要成為你現有的會眾的擔子，即只告訴他們，他們所做的一切都是錯的。你要透過接待、表達實際的關心、探望，成為別人的祝福。在你身邊創造一羣願意分享他們的生命、並在信仰中彼此鼓勵的基督徒。你可以從你的家庭小組開始。很多時候，家庭小組並不只聚聚會。相處得像一個羣體，從而令你的家庭小組成為一個羣體。你不需為了改變而大肆宣傳——只需要繼續生活，並使這個羣體成為有感染力的羣體。創造一些東西，讓其他人想成為你們當中的一分子；想想是否可以營造出一個環境，使你教會的人可以聚首一堂，並可以邀請未信主的朋友到來，例如恆常的晚間茶聚、開放家庭或練習足球。

註譯

1. Sinclair B. Ferguson, *Grow in Grace* (Banner of Truth, 1989), 67.
2. John Stott, *The Living Church* (IVP, 2007), 19 ~ 20.
3. 見 Tim Chester, *Delighting in the Trinity* (Monarch, 2005), 159 ~ 173。
4. The Crowded House Values (www.thecrowdedhouse.org).
5. Robert Martin-Achard, 引於 Johannes Blauw, *The Missionary Nature of the Church* (Lutterworth, 1962), 33。

第二部

踐行中的福音與羣體

Gospel and Community in Practice

3
傳福音
Evangelism

約翰（John）與一個最近才加入公司的未信主同事一起打壁球。他們有幾次在自助食堂邊喝咖啡邊閒聊。西蒙（Simon）剛搬到這區，因此樂於參與社交活動，而他也認為約翰似乎是個「蠻不錯的傢伙」。打球的時候，西蒙被球擊中，痛得在球場上呱呱大叫。打球後，他們在休息室喝東西，約翰與他的同事談到他們的球賽。提到被球擊中的意外時，約翰回應説：「當球以那樣的速度來襲，可真是來硬的！這在我身上發生過很多次了。我認識一個人，有一次他的眼睛直接被球擊中。但你有沒有留意到，上帝在我們的生命中似乎也來硬的？很多時候，比起被壁球擊中，這實在痛苦得多：裁員、喪親、被拒絕！可謂數之不盡，

> 你結結實實地被擊中要害，西蒙，你會怎樣回應？」

這個傳福音模式會引起甚麼反應呢？或許你特別怕難為情，因而約翰引入話題的方式特別令人側目。或許你覺得要欣賞他的勇氣和委身，有點勉強。要討論傳福音，而不令人暗暗叫苦，幾近不可能！基督徒從心底渴望將他們的救主介紹給別人——基督徒對主耶穌的愛，是從一顆顆新造的心傾流出來的，而這一顆顆心，是聖靈令它們保持著溫柔的——至少，我們**希望自己渴望**向那些不愛上帝的人談論上帝，因為我們希望上帝被人尊崇。然而，福音工作本身卻往往是另一回事。對我們很多人來說，在某時某刻，傳福音的熱誠如薄霧一樣在晨光中轉瞬即逝。

我們的信念是，基督徒蒙召要雙重效忠：忠於福音的核心內容，以及忠於信仰羣體的首要處境（primary context）。若忽略或貶低其中任何一面，不單單會攔阻福音工作，更會實質破壞福音工作。

福音話語在福音工作中是中心性的

亞西西的法蘭西斯（Francis of Assisi）曾說過：「福音時常傳講，但必要時才以言傳。」這可能是一句偉大的中古時代金句，但聖經有關傳福音的教導可不是這樣。

耶穌以「宣傳上帝的福音」來開始祂的公開事奉（可一14）。當祂施行神蹟奇事的名聲四播，祂的回應是離開該區，以致祂可以繼續祂的宣講工作，因為「我是為這事出來的」（一38）。而復活了的主，為祂的門徒留下了一個特別的使命：到萬民那裏去，「凡我所吩咐你們的，都教訓他們遵守」（太二十八20）。

今天，在某些教會當中有一種趨勢，就是推動一種沒有宣講的佈道（evangelism without proclamation）。在崇拜中也許行禮如儀，或者人在其中經驗到基督教的敬拜，但倘若當中不經話語解釋，那麼這一切就好像無指向的路標一樣；更甚乎，這些路標指向我們的好行為。福音是好消息：一個要被宣講的信息，一個要被教導的真理，一句要被說出來的話，以及一個要被講述的故事。

耶穌宣講的信息是：「上帝的國近了。」伴隨著這信息而來的，是一個呼召：「你們當悔改，信福音！」（可一15）隨著那位彌賽亞君王來到，一個新時代出現了；耶穌透過祂的言行、並最終在祂被釘十字架和復活上，展示出祂所宣告的上帝王權（God's kingship）是實實在在的。在十字架上，這位君王親身擔當了我們叛逆的後果。結果這位君王賜下恩惠的話語，吩咐人要信靠祂的主權並在祂的主權下悔改，因而經驗上帝在生命中的掌權和經驗自由。上帝是處於福音話語的中心的，然而很多福音工作卻傾向將人放在這中心位置上。結果福音向**我**傾斜，向耶穌怎樣滿足**我**的需要傾斜。但是，耶穌所宣講的福音，關乎上帝透過祂的彌賽亞、並為了自己的榮耀，施行其賜生命的管治（life-giving rule）。

在壁球場上，約翰大膽並努力傳福音，就內容而言，固然沒有違背耶穌所宣講的福音。事實上大家亦辯稱，當他宣稱上帝在生命中是全權的，他是在宣告國度的福音。然而，對約翰的進路，我們仍可以詰問：他不太認識他的同事；他的切入點既牽強又無關痛癢；他不清楚他的同事是個怎樣的人；他沒有嘗試與他建立關係；對方亦沒有問過約翰任何問題，也沒有邀請他一起討論重大的人生問題；約翰跟同事交淺卻想言深，這實不是講論福音話語的好時機。

假如情境是這樣的，那又會怎樣？

> 打完壁球後，約翰和西蒙坐在酒吧裏，開頭的對話有點不自然，但約翰對他的同事很感興趣：他是從哪裏來的？他的家庭是怎樣的？他們發現彼此有一些共通點，其中一樣是他們都喜愛跑車。他們離開時，西蒙說：「你明天放工後，想晚上與我一起燒烤嗎？」

福音羣體在福音工作中是中心性的

福音話語和福音羣體，兩者有密切關係。話語，創造並餵養羣體；羣體，則宣講並體現話語。教會是所有信徒的母親，加爾文（John Calvin）更力言，她「藉著上帝的話語，賦予他們新生命，在他們的一生中教導和餵養他們，堅固他們，並在最後引領他們達致完全」。[1] 馬丁・路德（Martin Luther）相信「教會……是由話語建立的」。他也把教會比作一個「透過話語生你和養育你」的母親。[2] 藉著她的生命，也就是由福音創造和形塑的生命，教會揭示了上帝那超然介入的管治之本質；藉著那福音生命和福音宣告，她呼召萬國去敬拜上帝。

直至在世上的最後一夜，耶穌仍然堅持福音羣體在福音事工上的中心性。在約翰福音十三章，祂預言自己將要被賣；對耶穌來說，這意味著祂得榮耀之時（約十三31～32）；對門徒來說，這卻意味著新的責任，而他們主要的責任是彼此相愛（十三33～35）。在上帝旨意中的這一關鍵時刻，耶穌所關注的，是這些人要彼此相愛，這必定意味著愛是如此關鍵！耶穌的勸告毫不含糊，祂再次要他們留心祂樹立的榜樣（1、14～17節）。他們要像祂愛他們那樣，以**同樣的方式和同樣的程度**去彼此相愛。而衡量這份愛的準則，就是十字架。

這份相互的、捨己的愛，究竟有甚麼目的？卡森（Don Carson）說：「新的誡命，不單單是這個新羣體的義務，要回應那位愛他們、並藉著交出祂兒子使他們得自由的上帝；這也不單單是他們對上帝施恩、揀選他們作祂子民而作出的回應；這是一種特權——若能好好活出——可以使他們得以在世人面前宣講那位真實的上帝。這正是何以耶穌在結束祂的命令時，會說出以下的話：「你們若有彼此相愛的心，眾人因此就認出你們是我的門徒了。」[3] 門徒成為愛人（lovers），是先於傳道者、領袖或建立教會者的身分的！這是他們是否認識耶穌的試金石。

今天仍然是這樣：這十架之愛，是首要的、有力的試金石，能夠試驗我們是否已經理解福音的話語和經驗到它的大能。我們得以在世人面前，以及向存疑的世人宣告福音的真理，並不是因著我們的教義正統，雖然那是重要的；並不是我們的策略精明，雖然那叫人讚歎；並不是我們委身福音，雖然那是攸關重要的；也不是我們建立教會的創新進路，雖然那是非常徹底的；我們得以在世人面前和向存疑的世人宣告福音的真理，是因著我們彼此的十架之愛。當我們彼此能愛至一個程度，學效耶穌為我們付出的十架之愛那樣，並與之相一致，那麼我們彼此間的愛便是福音的傳揚了。

看看身處後一個場景的約翰與西蒙。約翰看到西蒙是真真實實的一個人，而他對這個同事真正感興趣。雖然約翰很想西蒙聽聽耶穌，但他並不是因為對方願意聆聽福音的話語，才花時間跟他一起。如此，約翰是在效法耶穌，因為耶穌與人交往的時候，是將人看為真真實實的人來看待，而且祂會按著各人不同的景況，以不同的方式看待他們。

在帖撒羅尼迦前書二章，保羅如此形容他在帖撒羅尼迦人當中的事工：「我們既是這樣愛你們，不但願意將上帝的福音給你們，連自己的性命也願意給你們，因你們是我們所疼愛的。」（帖前二8）我們辨別到好些傳福音的模式，那是只分享上帝的話語，卻沒有分享我們的生命：例如一些逐家逐戶拍門的福音工作和街頭佈道。我們也可以想像得到，我們是可以分享我們的生命而沒有勇氣分享上帝話語的。保羅的事工卻同時包含兩者，即分享他的生命，並分享上帝的話語。

> 馬迪（Matt）來電，問到他應該做些甚麼。他的朋友佐治（George）建議他做街頭佈道。馬迪對此不感興趣，卻不知該怎樣回應。因此，我們三人相約見面。當我們開始傾談，佐治明顯認為我們在某程度上是放棄了信仰，但當我們談到與未信者分享我們的生命時，談到傳福音是全天候（24/7）的事，談到開放我們的家，這時，佐治的語氣便改變了。當我們結束對話時，他承認：「我不肯定我是否準備好以這種方式委身。」

人們想塑造一種傳福音的模式，是可以將傳福音定好在他們的日程表上的；然後別個頭，回家後就忘記一切。耶穌呼召我們過的生活方式，是有愛的生活方式。耶穌的新命令更意味著，在後一個場景中，無論約翰取得甚麼進展，前面有一個攸關重要的面向正在敞開。

> 當他們離開時，西蒙說：「你想明天晚上，下班後過來一起燒烤嗎？」「對不起，我來不了。」約翰說：「你可以到我們那裏，到時我們會有一些朋友過來；你也來的話，那就太好了。」西蒙有點猶疑。「我不想打擾你們，」他說：「而且，我會感到一點點不自在——我不認識他們呢，或許下次吧。」「好吧，」約翰說：「但我知道我有些朋友也會帶一些我不認識的友人過來，我們經常這樣！」西蒙微笑著說：「噢，那就別管了，要好好把握機會輕鬆一下！我到時會帶酒來。」

最理想的傳福音模式，並不是單獨進行的。當然，若機會來到，我們就應該清楚地和敏銳地靠著聖靈去講明福音的話語——不論何時、何地及向何人。但是，**最好**還是在福音羣體的處境中傳福音，因為這種團體生活能如實將話語——將生命賦予福音羣體的話語——展現出來。

基督徒羣體是基督徒宣教的重要一環。當人看見我們彼此相愛，宣教就發生了。我們都知道，福音是透過我們所說的話和我們所過的生活來傳遞的。但耶穌所說的生活，是我們一**起過**的生活。耶穌祈求那些相信福音的人，「完完全全地合而為一，叫世人知道你差了我來，也知道你愛他們如同愛我一樣」（約十七 23）。透過信徒羣體，世人會知道耶穌是上帝的兒子、是上帝差來作世人救主的。「從來沒有人看見上帝，」約翰在他的福音書裏說：「只有在父懷裏的獨生子將他表明出來。」（一 18）看不見的上帝，透過上帝的兒子被人看見。「從來沒有人見過上帝，」約翰再次在他的第一封信說：「我們若彼此相愛，上帝就住在我們裏面，愛他的心在我們裏面得以完全了。」（約壹四 12）看不見的上帝，透過上帝子民的愛而被人看見。基督徒羣體的生活，是傳福音途徑的組成部分。紐畢真（Lesslie Newbigin）就將本地會眾形容為「福音的詮釋」（the hermeneutic of the gospel）——人理解福音的途徑。[4]

我們需要成為愛的羣體，我們也需要**被看到**是愛的羣體。當人接觸教會，要感到教會是一個關係網絡，並不是一個你參加的聚會，並不是一處你要進入的地方。宣教必定涉及非信徒與基督徒羣體的接觸，而不單單涉及非信徒與個別基督徒的接觸。我們想與非信徒建立關係。但我們同時要將人介紹到組成信仰羣體的關係網絡之中，以致他們能夠看到基督徒羣體實際上是如何運作的。

據我們的經驗，人往往是先被基督徒羣體吸引，然後才被基督教信息吸引的。假如一個信仰羣體是一個有説服力的護教羣體，那麼，要將人介紹給這個羣體時，人就得看到護教在發揮作用。人們時常告訴我，他們是如何努力向他們未信主的朋友述説耶穌的事，但對方似乎都不感興趣。因此，他們想知道下一步該怎麼辦。我回答他們：找方法介紹他們認識基督徒羣體吧。基督徒羣體的生活會引發回應。當彼得説：「有人問你們心中盼望的緣由，就要常作準備，以溫柔、敬畏的心回答各人。」他説話的對象，並不是個別信徒，而是教會（彼前三 15）。有太多的福音工作是在回答一些根本沒有人提出的問題。就讓他們經驗一下基督徒羣體的生活吧！教會是上帝藉著祂的聖靈居住的所在（弗二 22）。教會的生活就是聖靈的生活，而教會的羣體就是聖靈的羣體。就讓我們的關係引發問題。不要擔心你的教會生活有時並不如想像中那麼完美！我們不是要見證我們的好行為，而是要見證上帝的恩典。我們彼此委身，縱是各有不同；我們以恩慈相待，以面對彼此的失敗。這比起裝作完美，是上帝恩典的更有力見證。

> 艾（Al）和麗莎（Lyssa）是在當地的慈善商店擔任義工時認識的。艾在一個非基督教家庭長大，對基督教沒多大感覺。但是，當麗莎邀請他到他們家裏參與定期的晚間活動時，他卻欣然接受。這是艾第一次認識我們的基督徒羣體。他來了好幾次，並上了一次教會，然後就停止參加我們的活動了。大約一年後，有人碰到艾，再次邀請他出席聚會。此後，他定期出

> 席晚間活動。我們作為一個羣體會做的其他事情，他都開始參與其中。他不再單單是「麗莎的朋友」了——他認識了我們所有人。他開始問問題，上教會，並參加查經班。六個月後，他受洗了。

最近，我收到一通電郵：

> 昨天，我跟一個華人非基督徒傾談。他告訴我，當他第一次來到英國時，他參加過一個聖經班，但他幾乎完全聽不懂。在一年後的今天，他希望研讀聖經。他告訴我，這是因為他看到了我們的生活方式和我們所作的決定。他表示，在其他地方——中國和英國——人們都嘗試在金錢中尋找快樂。但他注意到我們不是在追逐這些東西。我們不會為了金錢和財富而整天埋首工作。我們不會在我們的工作和事業中尋找我們的身分，就像他在家鄉中國所認識的大部分人那樣。對於我能夠放棄銀行的工作（為了有更多時間事奉），他説這是大部分在中國的人所無法相信的。因此他得出這樣的結論：這是真正的快樂，而他想知道更多。下星期，我們會開始一同查考聖經。

福音工作的三股繩子

在我們的福音工作中，我們發展了一個簡單的模式，以捕捉以下這幾個信念：

我們的宣教進路就像三股合成的繩子那樣，應該包含這三個元素。

想想你正在傳福音的對象或希望開始接觸的對象，找出與他們建立關係、分享福音信息，**以及**將他們介紹到信仰的關係網的點子（往往是很平常的點子）。介紹的方式也許並不複雜，可以只是邀請基督徒和非基督徒朋友一同吃飯或外出。然而，只在一個信徒與一個非信徒之間建立關係，是不足夠的。

在考量這個模式時，務要避免強加一個預設了的邏輯次序。人們往往會問，哪一個元素首先出現？「介紹人認識羣體」？「分享福音」？還是「建立關係」？事實上，沒有一個是需要首先出現的；也沒有需要待某一領域取得進展，才進入另一領域。在現實中，三種元素的任何一種都可以首先出現；有時候，三種元素也可以同時出現。假如欠了一股繩子，靠著上帝的全權定旨，整股繩子仍然不會斷掉，可當三股繩子合起來，它就有力得多。

羣體工程

很多時候，傳福音的召命，會令人內咎及意氣消沉。當中部分原因，可能來自我們不敬虔的態度，例如驕傲和「怕人」。但保羅在哥林多前書說得很清楚，我們是以愚拙的態度去宣講一個愚拙的信息（林前一 18 ～ 二 5），因此傳福音往往會使我們看來變得愚拙，而很少人會喜歡這個愚拙的樣子。

畢竟，我們當中不是所有人都可以雄辯滔滔，風采迷人；亦不是每個人都思考敏捷。有些人就是不擅長與陌生人談話，亦不懂得跟他們展開新的友誼。三股繩子的模式，其中一個實際好處，就是它讓所有上帝子民都有各自的角色。這種傳福音的模式，將傳福音看作一個羣體工程（community project），而它同時十分重視聖靈全權的工作，將各樣恩賜分派給祂的子民。每個人都要擔綱演出：剛信主的基督徒、內向的人、外向的人、有口才的人、不擅辭令的人、有智慧的人、愚拙的人。我可能在開始時與我的鄰居建立關係，但當我將他介紹給羣體時，就由其他人與他分享福音。這不單合情合理，從正面看，這是令人振奮的！皮特（Pete）可能從未在言語上與鄧肯（Duncan）分享福音，但他的接待與愛心，卻是佈道過程中不可或缺的一環，而他所做的，確實配得這樣的讚許。與此同時，蘇珊（Susan）可以結交朋友，並將他們介紹給羣體，她相信，其他人會在適當的時間、以適切的方式，向她的朋友發出福音的挑戰。想到我們能夠集合羣體的力量互補不足，這實是美事。

假若傳福音是一個羣體工程，那麼我們各自不同的恩賜和性格，就能互相配合了。有些人擅長與新朋友建立關係，有些人是社交專家——他們會組織旅行或活動，有些人善於接待，有些人善於打開福音對話的話匣子，有些人善於面對心靈的問題。每次我都能夠在我們這羣為數不多的會眾中，找到合適人選。這一切都不是我擅長的東西，我是與艾一同參加福音性查經的人，而最後我說：「你應該受洗！」他說：「好吧！」就是這樣簡單！但是，假如我不是團隊中的一員，我就**永不會**做到這一步。

> 西蒙來到時顯得有點緊張，他繞到屋後，走到花園。他喜見已經來到的就只有幾位朋友。他四處察看，想看看約翰在哪裏。當他聽見約翰的聲音：「西蒙！見到你真好！看哪，各位，這是西蒙，叫他讓你們看看他腳後面的瘀傷吧！」西蒙的臉上流露出微笑，開始放鬆了。

> 那一夜，西蒙很快就發覺當中不少人都是基督徒，他從來未曾認識過那麼多基督徒，但他們似乎都十分不錯，他很享受那一夜，而當他們提議一同在週末觀看球賽時，他也沒有反對。他對這個羣體了解不多，但他們相處背後，有某種溫柔存在，是他從未經歷過的。「有趣！」他有這樣的想法，雖然他不肯定要怎樣回應有關耶穌的對話。

平凡的生活，福音的意圖

在教會生活中，重要的事件扮演著舉足輕重的角色；但是，福音工作的基礎是低調、平凡、日復日的工作，是往往沒有人留意到的。大部分福音工作都涉及**平凡的人在做平凡的事**，而這些人都是帶著福音的意圖的（gospel intentionality）。無論是幫助朋友、在辦公室工作或去戲院看電影，都帶有一種委身，要建立關係、活出基督教信仰，並在對話中自然地談到福音。人們常常都會問到，他們可否看看我們在會眾之家的事工。但是，那裏只有平凡的人在做平凡的事。沒有項目、沒有程序、沒有一眾「事工」。

但是，假如存在著**福音的意圖**，那麼「平凡」就只是基督徒宣教的途徑——平凡，需要彌漫著委身於活出和宣講福音的氣氛。福音是一個信息，因此，只有當我們與人分享這信息，宣教才得以發生。惟有當羣體將「福音優先」當作自身內部的重要價值，藉羣體來委身宣教才能發揮作用。否則，我們就只是在建立良好的關係，卻永遠無法走得更遠。我們甚至會害怕損害那些關係，因而猶豫著是否要分享福音。我們害怕假如我們談到耶穌，其他人就不想成為我們的朋友，關係就會因而破裂。事實上，那是有可能發生的。因此，我們必須清楚確定，福音是優先的。這並不是說，一有機會，就要向人硬銷福音，而是說，要清楚對準目標，使得我們可以與人一同翻開聖經。

在我們城市的貧民區裏，有一間基督徒咖啡店，無論我在甚麼時候經過，店裏總是空無一人。旁邊隔著幾間店鋪，有一間庫爾德人開的餐廳，朝餐廳後面一條窄窄的樓梯往上走，是一間煙霧彌漫的遊戲室，那是庫爾德裔男人聚集的地方，有些基督徒開始經常到那裏去：喝甜茶、玩西洋雙陸棋（backgammon）、建立關係。之後就出現了很多傳福音的機會。無論是項目、咖啡店、活動、活動中心，我們常常都假設那需要籌備甚麼。對很多基督徒來說，尤其是來自規模較小的教會的基督徒，大量的籌備工作，叫傳福音和社會參與變成看似遙不可及的事情。他們沒有所需的資源、時間或金錢。但是，這裏卻有很多加入、出席、探訪、參與的途徑，而這個進路往往都有成效。我們在他們的地方與他們碰面，而不是要他們來到我們的地方。當中需要的，是福音的意圖。

需要福音的意圖，意思是領袖必須努力營造和強化這種福音文化。我記得，我曾在一個會議中發表言論，講論帶著福音意圖的平凡生活。席間，一個接一個人問我，這究竟需要怎樣的架構？但你根本就無法為平凡的生活設定甚麼程序！「你甚麼時候傳福音？」人們問，「你甚麼時候彼此牧養？」當我回答：「在我洗碗時。」這答案似乎無法滿足他們，但這是我惟一能夠提供的答案！這一切，都需要人主動委身，向非信徒（和其他基督徒）講論福音。我們嘗試營造這種福音文化——透過定期教導我們的價值觀；歡慶傳福音的機會；逢禮拜日抽時間坐下來分享我們做了甚麼事；「差遣」人到他們的工作間和社交俱樂部那裏當宣教士。最重要的是，我們為了大家，互相模塑這種福音文化，以致這種文化成為生活中再正常不過的事。我們所需要的基督徒羣體，是在平常生活中瀰漫著福音氣氛的羣體。我們介紹人認識的羣體，必須是將「談論上帝」當作平常的羣體。這意味著，我們會談論我們在聖經中讀到的東西；每當我們彼此分享所需，都會一同祈禱；我們會一起因福音歡喜快樂；我們會分享信仰上的掙扎。而這一切，不單發生在基督徒之間，我們亦會跟非信徒一起分享。

我們想一起過瀰漫著福音氣氛的生活，我們想活出福音和談論福音，使之成為我們共享生活（shared life）的一部分。與此同時，我們嘗試令我們的聚會於陌生人看來不會太奇怪。我們努力確保我們所做的一切都得到說明。我們希望非信徒能夠感到舒適，我們希望我們的聚會較像家庭聚會，而不那麼像宗教活動。結果是，當人們參加聚會時，不會引起很大的文化衝擊。他們經驗到的，是一些類似他們早已在羣體生活中經驗過的。與此同時，因為我們已經將他們介紹到信仰的關係網絡中，他們早已認識了當中一半人。聚會變成了沒那麼大壓迫感的場合。

> 六個月以來，費安娜（Fiona）都一直嘗試邀請她其中一個室友上教會。盧克（Luke）很抗拒去教會「聚會」，但他卻以其他方式參與羣體：看電影、在酒吧觀看球賽、一起吃飯、緩步跑和踏越野單車。後來當他第一次參加聚會時，費安娜甚至不在。但他早已認識了教會中百分之九十的人。他經驗到的，跟他此前與他們一起時經驗到的，並沒有兩樣——除了他們會唱一些詩歌和查考聖經。如今，盧克已經成為基督徒。

西方文化已變得十分「分隔化」（compartmentalized）。我們把我們的生活區分為工作時間、閒暇時間、家庭時間、教會時間和宣教時間。我們希望花更多時間傳福音，但我們必須為此放棄其他一些事情，結果我們永遠都找不到時間傳福音。若我們重新思考，將傳福音視作關係而不是活動，就會徹底改變這光景。傳福音不再是一項要擠進我們忙碌日程裏的活動，而是變成了我們隨身攜帶的意圖。教會也是如此。若我們從關係的角度重新定義教會和宣教，那麼，工作時間、閒暇時間和家庭時間，就全都可以視作福音活動。假如我們有「福音的意圖」，那麼，平凡的生活就能夠變成牧養的和宣教的生活了。跟朋友一起看電影，或者替一個勞累的母親照顧孩子，可以同時是家庭時間、閒暇活動、宣教工作和教會生活。

證明福音的真實性

我們若要證明這個三股繩子的模式是有效的，不必純以實用性作依據；其首要的價值，在於它認真看待傳福音的團體向度（corporate dimension）。在歷史上，福音派一直堅持福音話語在福音工作上的中心性，要他們「承認」福音羣體的中心性，可能會令他們感到不安。當談到福音羣體可證明福音話語的真實性，這亦會引起一點不安。不過，聖經正正是這樣描述上帝的子民。

保羅在以弗所書中，將託付給他的福音奧祕描述出來。這奧祕就是外邦人藉著福音，與猶太人一起，有分於上帝的立約羣體（弗二14～16，三6）。保羅繼續說：「〔上帝的心意是，〕為要藉著教會使天上執政的、掌權的，現在得知上帝百般的智慧。這是照上帝從萬世以前，在我們主基督耶穌裏所定的旨意。」（三 10～11）基督徒羣體，使屬天的領域也得知上帝的智慧，因為我們是上帝對整個宇宙的旨意的開端。上帝「要照所安排的，在日期滿足的時候，使天上、地上、一切所有的都在基督裏面同歸於一」（一 10）。「他按自己的旨意，用真道生了我們，」雅各說：「叫我們在他所造的萬物中好像初熟的果子。」（雅一 18）我們是第一道光芒，劃破了無序和破碎的宇宙的黑暗。我們是新的曙光的第一個記號。撒但掌權的黑夜，正在漸漸消逝。借用魯益師（C. S. Lewis）的生動意象，在納尼亞（Narnia），白女巫的冬雪正在溶化。教會是天堂的前哨站，我們是在地上的天堂。斯托得說：

> 「奧祕」並不抽象，它在人的眼前漸漸成形。在這個新現象中，即在這個多元種族的新人類身上，上帝的智慧給表現出來。教會，一個由蒙拯救和得復和的子民所組成的羣體，其出現同時公開展示出上帝的能力、恩典和智慧：首先是祂復活的大能（弗一 19～二 6），然後是祂極豐富的恩典和恩慈（二 7），而現在是祂百般的智慧（三 10）。[5]

聖靈透過福音的話語將教會建立起來。透過相同的福音話語，祂繼續改變人，使他們**較少**愛自己，**較多**愛上帝和別人。這正是將福音模塑出來的羣體生活，因為我們是為了這種羣體生活而被造的。當非基督徒接觸到這種動力，他們就會開始看到，福音的話語不只是一套要人認同的命題。他們看到，福音的話語，是上帝帶來醫治和整全(wholeness)的大能，亦是帶來生命與祝福的話語。

觀乎當代文化，在上帝子民中間，對真實性的需要，實不容低估。比起各種文化初次與基督教相遇之時，這需要或許更大了。西方世界受惠於基督教的影響，可追溯至數百年前；但是，這種長久的關係也帶來了一些壞處，當中包括欠缺公信力。人們拒絕福音話語，於某程度而言，是因為他們未接觸過可信的福音羣體。教會往往遠離社會，福音派信徒傾向離開邊緣人士聚居的地區，在較舒適的郊區立足。基督徒給人的印象，往往是對世事漠不關心和自以為義。假如這些看法真的有點道理，我們也不應太快將矛頭指向別人，表明這是因為別人屬靈瞎眼。耶穌讓世人有權審判我們，以我們彼此相愛的心作判準，看看我們是否忠於所信。換言之，我們應該謙卑地面對不信者的挑戰，我們的回應，應該是悔改和信心，以致我們能夠在一個懷疑和冷漠的世界面前，大膽地活出真實的團體生命。

約翰十分高興聽到電話筒另一邊傳來西蒙的聲音。當他知悉西蒙前一天與教會的人一起度過，他更加高興了。即便那樣，對西蒙將要告訴他的事，他也沒有心理預備：「我與傑克（Jake）和翠西（Tracy）有過一些深入的對話。最初，我並不能完全理解當中的內容，但對於我的疑問，他們的回答又的確有點道理。最難質疑的，是你們的生活方式，我從來未見過這樣的生活方式。因此，我希望你不會介意，我已經同意花幾小時，跟他們一起開始看看聖經。」介意？約翰要控制住自己才不高呼哈利路亞！他至少要暫時忍著，直到他放下電話筒。

註譯

1. John Calvin, *Calvin's Commentaries: The Second Epistle of Paul the Apostle to the Corinthians and the Epistles to Timothy, Titus and Philemon*, trans. T. A. Smail (St Andrew Press, 1964), 231.
2. 引於 Timothy George, *Theology of the Reformers* (Apollos, 1988), 89。
3. Don Carson, *The Gospel According to John* (IVP, 1991), 485, 強調為後加的。
4. Lesslie Newbigin, *The Gospel in a Pluralist Society* (SPCK, 1989), 222～233.
5. John Stott, *The Message of Ephesians* (IVP, 1979), 123.

4

社會參與

Social Involvement

我與一位出名的福音派教會領袖傾談，問到他為甚麼有那麼多人不願接受家庭教會的模式，也不願接受在家裏聚會的社區小組。那位教會領袖坦白回答：「因為，像我這類有著專業背景的人，都想自己參加的教會能與自己的背景相配。我不想對人開放自己的家。我不想參與別人的生命。我不想我的教會出現貧困的人。像我這樣的人，在投身基督教事奉之前，都是律師、醫生、商人。當我們參與事奉，會把那些價值觀帶進來。我們希望帶領正在增長的教會，當中有專業人士、教會管理人員、健康的財政預算。我們希望教會能夠成為一個營運得宜的機構，讓人看起來感覺亮麗。」

戴夫（Dave）花了兩年時間擔任稱為「平信徒助理」（lay assistant）的崗位，他正在思索下一步該怎樣做。他想投身全時間事奉。他對福音有深刻的了解，並且善於溝通。他出身自工人階級。在成為平信徒助理之前，他是一個工人。他正在猶疑，究竟自己應該直接參與教會的植堂工作，還是先完成神學學位課程。當他向不同人徵求意見，一位有名的福音派領袖告訴他，他需要一個學位，好使他將來在事奉中更易跟醫生、律師及其他專業人士交往。且不說學歷對事奉有怎樣的價值，我們先看看這種看法背後的假設。學位可能會令戴夫可以更易與專業人士交往，但毫無疑問的是，學位會令他沒那麼易與工人階層和邊緣人士交往。但是，這個假設是：「成功」的教會是有專業人士的。

歡迎窮人與邊緣人士

在路加福音四章 18 至 19 節，當耶穌在拿撒勒的會堂誦讀以賽亞書六十一章的時候，祂是在宣佈祂的議程，並宣稱這些應許已在祂身上應驗了。

主的靈在我身上，
　　因為他用膏膏我，
　　叫我傳福音給貧窮的人；
差遣我報告：被擄的得釋放，
　　瞎眼的得看見，
叫那受壓制的得自由，
　　報告上帝悅納人的禧年。

在四章35節，耶穌「責備」邪靈，使人從邪靈的勢力中得釋放。而在四章39節，耶穌「斥責」彼得岳母的熱病，熱「就退了」。「退」這個字與四章18節的「釋放」是同一個詞。耶穌宣告，祂要釋放受壓制的，並釋放那些被邪靈和病患壓制的。這是表明祂心意的記號，是祂那將要來臨的國度的記號。

在路加福音五章27至32節，耶穌呼召稅吏利未，並成為他家中筵席的座上客。法利賽人和律法師問門徒：「你們為甚麼和稅吏並『罪人』一同吃喝呢？」（路五30；編按：引文中雙引號為作者所加）在一世紀巴勒斯坦的文化中，「一同吃喝」代表著交往和友誼。事實上，在世界大部分文化中，「一同吃喝」至今仍然有這個意思。邀請某人到你家裏吃飯，以及接受別人的這種邀請，兩者都是羣體關聯的記號。這些舉措，甚或意味著營造某程度的相互承諾。耶穌的行動之所以引來宗教領袖的非議，正是基於這個原因。稅吏和罪人與門徒一同吃喝，是他們可以在耶穌的羣體中佔一席位的記號。耶穌是在宣告人們期待已久的上帝國度之來臨（四43）。上帝最終要介入人類歷史，重建祂的掌權，這可意味著上帝的子民得申冤以及上帝的仇敵受審判。據法利賽人的理解，他們顯然屬於前者，而稅吏和罪人則屬後者。稅吏未必是窮人，但他們是邊緣人士。他們聲名狼藉，不單因為他們利用權力欺詐別人，亦因他們與羅馬駐軍狼狽為奸，令他們成為賣國賊和背叛上帝的人。上帝的應許地被外邦入侵者玷污了，稅吏卻站到那些玷污應許地的外邦人那邊。若耶穌是彌賽亞，這就意味著，上帝坐下來與祂的仇敵一同吃喝。

至少，法利賽人是這樣理解的。耶穌也確認了事實就是這樣！祂回答他們的問題，說：「無病的人用不著醫生；有病的人才用得著。我來本不是召義人悔改，乃是召罪人悔改。」（路五 31 ～ 32）耶穌為了局外人而來。祂並不是為了被特別挑選的人而來，而是為了破碎的人（「虛心的人」）、生活一團糟的人而來。祂來，是要呼召罪人並歡迎他們回家。上帝**是**那位與祂的仇敵一同吃喝的上帝。那正是上帝教人驚訝的本性——祂恩慈的性情。

路加福音十五章重述了路加福音五章所記載的指控：「眾稅吏和罪人都挨近耶穌，要聽他講道。法利賽人和文士私下議論說：『這個人接待罪人，又同他們吃飯』。」（路十五 1 ～ 2）這段經文，正是耶穌在路加福音十五章所講論的三個有關恩典的偉大的比喻的背景，這三個比喻分別是：失羊的比喻、失錢的比喻和失兒〔浪子〕的比喻。這三個比喻全都宣告著上帝奇妙的恩典，這位上帝會四出尋找所失去的。這位父親會跑出去迎接祂犯錯的孩子。但是，這些比喻的重點，是要說明耶穌為何會跟邊緣人士一同吃喝。在浪子比喻的最後部分，大兒子得面對一個抉擇，這同樣是這個比喻的聽眾法利賽人以及路加的讀者要面對的抉擇。我們可以一起參加筵席，接受一個恩典的國度（kingdom of grace），並因而與罪人交往；又或者，我們可以留在外面，緊抓著賞功問過的體制，並只與配受尊敬的人交往。

在路加福音六章20至26節，耶穌說窮人有福了，因為上帝的國是他們的。在舊約聖經，「貧窮」一語是指經濟上貧困的人以及靈性上謙卑的人。在路加福音則同時包含兩者。經濟上貧困的人，是向上帝呼求的人的楷模（比較路十四12～14和十四21），而上帝忠心的子民，也會因著世界對他們的敵意，因而覺得自己是貧困的人（六20～22，九57～58）。路加說道，那些飢餓的人和哀哭的人有福了，因為他們將要飽足和將要喜笑；因著人子的緣故而被拒絕的人有福了。他同時宣佈，富足的人、飽足的人、正在喜笑的人，以及得人稱讚的人有禍了。這並不是因為貧困的人更像聖人——他們也是罪人，與任何人無異；也不是因為耶穌將要在歷史之中建立一個政治性的國度；而是因為逆轉的日子將要來臨，到那時候，在前的將要在後，在後的將要在前（一51～53，十三30，十四11）。而這個將要來臨的國度，正是基督徒羣體所預期（anticipated）的國度——這是一個饒恕與公義的禧年羣體（四19，十四4）。邊緣人士被拒於今生福樂的門外，但是上帝的國度是一個恩典的國度，因此，他們不會因著沒有地位、財富或權力而遭拒絕。施洗約翰宣告上帝的國度近了，上帝的子民得到申冤以及上帝的敵人受到審判（三9）。但是，當施洗約翰看到自己被下在監裏、冤不能申、欺壓者也沒受審，他就質疑耶穌的身分。耶穌回答說：「你們去，把所看見所聽見的事告訴約翰，就是瞎子看見，瘸子行走，長大痲瘋的潔淨，聾子聽見，死人復活，窮人有福音傳給他們。」（七 22）審判是終會來到的：但審判將臨到那位上帝的彌賽亞身上，致使上帝的仇敵可以在上帝的恩典國度中找到容身之處。與此同時，這記號，就是耶穌是彌賽亞，正是那個向窮人宣講的好消息。

耶穌與罪人一同吃喝是個奇妙的宣告，表明上帝的恩典是何等豐富。但是，我們得注意這恩典是如何踐行出來的。那是因著耶穌花時間與被藐視的人和邊緣人士共處。這意味著耶穌有時間給貧困的人。他們是祂首要關心的人，是他們組成了耶穌的羣體。祂並沒有專注於專業人士、律師、醫生、受人敬重的中產階級。假如這些人願意與低下階層人士交往，他們也會受到歡迎，畢竟路加本身是醫生。但是，耶穌不顧一切，去迎接貧窮的、被邊緣化的以及貧困的人。

而耶穌也期望我們這樣做。在路加福音十四章，祂說了一個大筵席的比喻。筵席的主人發出邀請，但眾人都有推搪的藉口。因此，他打發他的僕人去領「貧窮的、殘廢的、瞎眼的瘸腿的」來（路十四 21）。上帝滿有恩典，邀請靈性貧窮的、殘廢的、瞎眼的參加永恆的彌賽亞大筵席。但這故事之後，緊接著另一個故事；在後一個故事當中，卻是耶穌對宴請他的人說：「你擺設午飯或晚飯，不要請你的朋友、弟兄、親屬，和富足的鄰舍，恐怕他們也請你，你就得了報答。你擺設筵席，倒要請那貧窮的、殘廢的、瘸腿的、瞎眼的，你就有福了！」（十四 12～13）獲邀參加上帝大筵席的也正是這四類人。我們看待邊緣人士的方式，要反映上帝在我們身上的恩典。我們不要優先關心我們富裕的鄰舍，我們的焦點，應該放在窮人和貧困的人身上。事實上，我們若向富裕的人傳福音，就要包括向貧困的人傳福音：當富裕的人看見我們愛那些不可愛的，我們就在顛覆他們對權力和成就的迷思。當他們看見我們與被棄者一同吃喝，我們就揭露了他們的自以為義和自私自利。他們開始看見耶穌在我們身上活著。

當耶穌看見客人在晚宴上爭逐首座，祂建議他們坐在末座，以致當主人邀請他們坐較高的座位時，他們就有光彩。「因為，凡自高的，必降為卑，自卑的，必升為高」（路十四 11）。在預期著那最後逆轉的一天（the final day of reversal），我們要謙卑自己，與窮人和貧困的人交往，以致當那一天來到，我們被上帝親自升高。我們會在「義人復活的時侯……得著報答」（十四 14）。

路加寫信給提阿非羅，使「你知道所學之道都是確定的」（路一 4）。提阿非羅所學之道是上帝恩典的見證，他所學之道指出，將有一天要到來，歷史會結束，這將會是逆轉的一天，在這一天，上帝會接待信祂兒子的邊緣人士和外邦人，並拒絕（審判）妄自尊大、自私自利和自以為是的人，最明顯的莫過於以色列的宗教精英了。

在前的將要在後，而在後的將要在前。若要堅持這個說法是「確定的」（一4），就要有證據支持。路加憑著一個信念執筆，他深信證據可從耶穌的故事中找到。在耶穌的生平中，我們可以看見上帝為人類所定的最終心意（ultimate intentions）之明證。路加福音所記敘的耶穌故事，確定了這將來的實在（future reality）——讓我們從耶穌的事奉中預先嘗到這將來之實在的滋味。

路加想他的讀者相信這應許的話語，並透過接納窮人，我們與上帝的恩典相稱，由此將這話語踐行出來。我們應該確保當終末的逆轉（eschatological reversal）發生時，我們在歷史中是身處底層的，就如往昔一樣。耶穌這位彌賽亞的教派現在雖然細小，並且受逼迫和被邊緣化，但在最後的日子它的冤將得申並且得榮耀。「凡不因我跌倒的，就有福了！」耶穌向施洗約翰這樣說，而路加也對提阿非羅這樣說（路七23）。按將要來到的逆轉看，我們應該採納一套逆轉的社會—經濟價值觀（reversal of socio-economic values）。而或許，它最大的威脅是來自金錢的力量（六20、24，八14，十二15～34，十四33，十六9、13～14，十八24～25）。

名字：嘉兒

職業：半職的職業治療師

教會：在謝路菲爾的會眾之家

就如她自己所承認的，嘉兒（Clare）曾經是個「獨行俠」。她此前在曼徹斯特（Manchester）的市內地區從事社會行動工作（social-action），她相信這是混合了自義和個人主義的。當她加入會眾之家，並移居到雪菲市內重點地區（urban priority area, UPA）——曼拿公園莊園（Manor Park Estate）——與其他會眾之家的成員住在一起時，這是她的挑戰。那時，嘉兒面對的不是她長久以來養成的「自己動手」（DIY）態度，而是福音的召命，福音呼召基督徒過彼此負責的羣體生活。「我不再是獨行俠，」嘉兒說：「而我發現基督徒羣體可以『一起』過很徹底的生活。」

隨著這一點而來的，是她漸漸察覺到，她面對著的棘手社會問題，不只需要治標。「我愈來愈確信，在這些生活艱難的市內地區中，人所面對的難題，惟有福音可以改變，」嘉兒說。這不僅是用口說出福音。「我們需要向那些在我們周遭生活的人，展示出基督徒的生活方式：我們需要活在永恒的光明中。」

除了在曼拿公園莊園與人建立關係之外，嘉兒每星期有三天任兒科職業治療師。「我工作的半職性質，讓我可以同時花時間在曼拿公園莊園和教會建立羣體，」她說。「我的工作在很多方面都與這羣體有關呢。在曼拿公園莊園開設媽媽親子小組的機會可多著，雖然在現今的階段，我只是單單去認識人。」

嘉兒在謝路菲爾（Sharrowvale）的會眾中生活得很快樂，但她很期待現時有八個人參加的曼拿公園莊園小組，能全面發展成教會，就像植堂一樣。「百分之八十的基督徒生活在國家中最富有的百分之二十地區，」嘉兒說。「這個莊園有很多嚴重的問題：毒品、罪惡、面對著各種問題的家庭。我們要長時間待在這裏。」

是甚麼令嘉兒留在那個傳統上被福音派教會遺棄的地區？她說：「噢，首先，福音是真實的。接著，我知道上帝聽禱告和回應禱告。而最後，」她將話題帶回了我們的出發點：「我們要時常確保我們的事奉不會成為我們的偶像。」

禾森（George Watson）說：「所有社會都是不平等的……但它們形容自己的不平等的方式各異。」寧根（Stein Ringen）說：「英國的獨特之處，並不是階級制度（class system）的現實，以及階級制度繼續存在，而是階級心理學（class psychology）：沉醉於階級、相信階級，以及以態度、衣著和語言作階級象徵。」[1]舉例來說，美

國也是個不平等的社會，權力和財富彼此強化。但是，英國的社會階級更加複雜——混合了財富、權力和教育，而君主制、慶典和授勛制度更使它們得以強化。這是更為重要的。對比其他國家，英國的社會制度是精英制的。上流社會階層在社交場合中有一種先天的自信心，低下階層則有一種先天的自卑感。

這個階級意識（class consciousness）深深影響著英國的福音派。一位教會領袖最近對我說：「社會階級之於英國的福音主義，等同於種族歧視之於美國的福音派。」因著我們對社會的看法未能更新（羅十二2），便形成了階級與階級間、種族與種族間之不信任。個體被視為（或不被視為）「自己人」。但願這是潛意識使然。這意味著，保守的福音派中的領導權，大部分還是按著社會階級來決定。那些來自較低的社會階級的人，還是靠著採納上層人士的文化，才得以晉身顯赫崗位。很多福音派的內部分裂，是源於社會階級的差異的，這與源自神學上的差異所造成的分裂所差無幾。一邊，覺得人粗俗；另一邊，覺得人勢利。

這為甚麼重要呢？這是重要的，因為我們未能向工人階級傳福音。福音派大抵變成了一個中產階級、專業人士的現象。當我們邀請人吃晚飯和上我們的教會，我們會邀請我們的朋友、我們的親戚和我們那些富裕的鄰居。我們不會邀請「貧窮的、殘廢的、瞎眼的瘸腿的」。來到危急關頭的，是上帝的恩典。

給窮人和邊緣人士的話

在最近幾十年，傳福音與社會參與，要不正好是兩種不同的選擇，要不被視為兩種不同的選擇；那麼，兩種活動既各自分開，便需要力保兩者的平衡了。同情後現代主義的基督徒會正面看待社會行動，但是他們對傳福音則信心較小——尤其是向窮人傳福音。對於有人指控那可以是一種對別人的操控，他們尤其敏感。若果參與福音事工的時候幫助別人是有條件的，他們便會猶疑起來。

令人驚訝的是，對窮人和在基督徒羣體中包容邊緣人士的描述，路加的福音是說得最多的一卷福音書；而它對上帝的話語的中心性和充分性（centrality and sufficiency），也是說得最多的一卷福音書。

在路加福音十一章，一個婦人對耶穌說：「懷你胎的和乳養你的有福了！」（路十一 27）耶穌回答說：「是，卻還不如聽上帝之道而遵守的人有福。」（十一 28）祂真正的家人是那些「聽了上帝之道而遵行的人」（八 21）。耶穌告訴馬大，「不可少的只有一件」，而那正是馬利亞聽祂的道時所揀選的（十 38～42）。在路加福音十一章，有人要求看神蹟，耶穌回應道：除了「約拿的神蹟」以外，再沒有神蹟給他們看。在馬太的福音，這是指復活。但是在路加福音，這是指傳道者約拿。重點是，尼尼微人聽見約拿的講道就悔改了，但是如今有一位比約拿更大的在他們當中，他們卻不肯聽他的信息（十一29～32）。

在路加福音十六章，耶穌說了財主與拉撒路的比喻。這是另一個把我們如何看待窮人，跟我們永恆歸宿的問題連繫起來的比喻。但當中的結果叫人意想不到。財主要求亞伯拉罕打發拉撒路到他五個兄弟那裏，警告他們，使他們可以不用在地獄受苦。他認為，假如有人從死亡中走回來，到他們那裏去，他們就會悔改。但是亞伯拉罕回答說：「若不聽從摩西和先知的話，就是有一個從死裏復活的，他們也是不聽勸。」（路十六31）「摩西和先知」是當時一種常見的表達方式，用以稱謂我們今天所說的舊約聖經。這裏的信息是：上帝的話語是充分的。假如人拒絕上帝的話語，那麼，即使是已去世的人的鬼魂也無法說服他們。宣講上帝的話語就足夠了。就是果真有從死亡中走回來的，也在花時間教導聖經呢！復活了的基督，花了復活節頭一天的時間去解釋「摩西和眾先知」（二十四25～27、44～45）。

因此，在任何基督徒的事奉中，包括在窮人當中的事奉，宣講和教導上帝的話語必須是中心性的。這亦因為窮人的最大需要，與我們所有人無異，就是與上帝復和，從而脫離祂的憤怒。基督教社會參與的獨特處，是基督教透過宣講福音，致力使窮人與上帝復和。

我的意思是說，針對人感覺上的需要（felt needs），從來都是不足夠的。感覺上的需要，可以是一個好的起始點，因為福音針對一切複雜的人類景況。但是，人通常都不會用感覺上的需要來表達上帝的審判。人對於他們真正的問題是瞎眼的。他們看不到他們最大的需要是透過福音與上帝復和。假如我們不把人永恆的問題放在心上，那麼即時的需要，就會硬擠進我們的議程，要我們最優先處理；我們就會背叛福音，亦背叛我們聲稱要愛的人。我們可以為窮人做的最有愛心的事，是宣講永恆救贖的好消息，那是藉基督而得的。這絕對不是我們惟一可以為他們做的有愛心的事，但這是我們可以做的最有愛心的事。知道這一點，卻保留著這個好消息不去宣講，是罪大惡極。

我們想就傳福音和社會行動之間的關係提出三點：[2]

1. **傳福音和社會行動是截然不同的活動。**成功的社會行動，關乎如何善用窮人的洞見和資源；但福音則是從外而來的信息，針對我們心靈的無助感和無力感。
2. **宣講是中心性的。**沒有宣講的社會行動，就如無所指向的路標。尤有甚者，它很可能暗示「救恩」是改善社會經濟問題的同義詞；又或者暗示救恩是通過善行而得，就如我正在做的那些好事。
3. **傳福音和社會行動是無法分開的。**人往往說傳福音是最優先的，但這意味著，你有一份名單，你可以從上而下做下去；假如你沒有時間做下面的事項（例

> 如社會參與)，不是真的很礙事。但是傳福音是不可以從社會行動分別開來的，因為宣教透過關係開展，而關係是多方面的。就如保羅論到帖撒羅尼迦人的關係時說：「我們既是這樣愛你們，不但願意將上帝的福音給你們，連自己的性命也願意給你們，因你們是我們所疼愛的。」(帖前二 8)

我最渴望我的孩子得到的東西，是他們可以透過福音與上帝復和。這渴望並不意味著我對他們現世的需要漠不關心。我不只教導聖經，我也嘗試建立一個充滿愛的家庭，讓他們在其中經驗到生命是一個祝福。但是，我最關心的，依然是教導和活出救恩的福音。對窮人和邊緣人士也一樣。愛，要求我關心他們現世的需要；但是我可以為窮人做的最有愛心的事，是告訴他們，他們可以透過基督救贖大工與上帝復和。

給窮人和邊緣人士的羣體

在一個「教會關注貧窮行動」(Church Action on Poverty)的座談會上，一生都活在貧窮中的母親忠斯太太(Mrs. Jones)這樣形容貧窮的經驗：「貧窮的經驗，有部分是與無錢有關的，但貧窮不僅僅是無錢。它關乎孤立無援、無良好教育和不被需要。窮人想成為羣眾的一分子，而不只是在遇到危難時被標籤和『拯救』。」[3]

錢伯斯（Robert Chambers）在他剖析貧窮的經典著作如此描述：一般來説，貧窮由五個相互堅固的元素交織而成：匱乏、弱小、孤立、無權和脆弱。[4]貧窮不單單是匱乏或弱小。很多人在他們生命中的某個時刻，也有這等遭遇，但他們並不貧窮。舉例來説，想想看，一個小孩子，沒有任何資源，身體弱小，但這並不意味他們是貧窮的——假如他們有家人保護和供應所需。貧窮也是孤立、無權和脆弱。它欠缺的是社會關係和羣體生活。

聖經一般會用類似「孤兒和寡婦」或「孤兒、寡婦和寄居的」等片語來形容窮人（申十 18～19；詩一四六 9；雅一 27）。這樣的人代表了窮人，因為他們是脆弱和無權的。沒有丈夫、父親與親人去保護他們，供應他們所需。按定義來説，貧窮是那些無權的人和邊緣人士。

當面對貧困的人，我們第一個自然反應是給**予**（to）他們一些甚麼，或者**為**（for）他們做些甚麼。「拯救」窮人，就如忠斯太太所言，在危難時可以是適切的，或者是重要的第一步。但是，假如永不超越這一步，它就是在強化依賴和無助，認為那就是貧窮的核心所在。窮人繼續是被動的。持久或可持續的改變沒有因而出現。這正是為甚麼討論「發展」（development）的文獻的中心主旨，是「參與是重要的」。結果，羣體開發社區（development community）創建了「參與性的反思和行動」（Participatory Reflection and Action, PRA）或「參與性的學習和行動」(Participatory Learning and Action, PLA)——這一系列方法論，旨在促進羣體的參與。[5]

但是，當發展專家論到參與時，他們是指項目參與(participation in projects)。項目參與，是與窮人一同找出他們的問題、構思解決的方法、監控進度、評估結果。但窮人不單單需要這些。他們不想參與項目，他們想參與**羣體**。一個女士告訴我：「我知道大家為我做了很多事，但是我想要的，是有人做我的朋友。」人不想成為項目。窮人需要受到歡迎以代替被邊緣化；他們需要被接納以代替被排斥；他們需要一個他們重視的地方以代替他們的無權。他們需要羣體。他們需要基督徒羣體。他們需要教會。

窮人需要願意與他們一同吃喝的朋友。在路加福音七章，耶穌描述宗教領袖怎樣因施洗約翰禁食而批評他。如今，他們卻因為耶穌又吃又喝而批評祂。「人子來，也吃也喝，你們說他是貪食好酒的人，是稅吏和罪人的朋友。」(路七 34)那是一個指控，而它是真實的！耶穌**是**罪人的朋友。祂與他們一同吃喝，並歡迎他們進入祂的羣體。路加接著說了一個故事。一個「有罪的女人」闖入了一個宴會，而耶穌是坐上客。她的眼淚濕了耶穌的腳，又把香膏抹上，並用自己的頭髮擦乾耶穌雙腳。毫無疑問：這是帶有性暗示的。在耶穌的時代，只有不道德的女人才會披頭散髮。耶穌怎樣了？祂甚麼也沒有做。祂沒有推開她，祂沒有溫婉地勸阻她。祂讓她繼續，因為祂看見她的愛和她的信（七 47、50）。耶穌之所以動氣並作出回應，不是因為祂看見婦人心裏的罪，而是因為祂看見主人西門心裏的罪。西門認為耶穌不可能是先知，因為祂無法察覺到那是一個怎樣的女人。但真正的問題卻是西門無法察覺到上帝的恩典。耶穌「接待罪人，又同他們吃飯」（十五 2），祂歡迎這個女人。或許，路加福音八章 1 至 3 節提到與耶穌同行的羣體中的其中一個婦女就是她，這個羣體包括抹大拉的馬利亞——耶穌從她身上趕出了七個污靈。

我們可以為窮人做的最好的事，是為他們提供一個歡迎他們的地方和羣體。在社會參與中，我們最高的優次是要成為教會——一個歡迎並接納邊緣人士的羣體。這需要比站在教會門口跟人握手更進一步。人往往察覺不到他們教會的文化是多麼受其社會階級影響。舉例來說，有人站在教會門口微笑著，問候新朋友，並將詩歌集、聖經、崇拜程序表和教會通訊派給他們，但卻可以絲毫察覺不到，這可能會對一個識字不多的人造成傷害。對邊緣人士來說，邀請窮人參與的社交活動、教會作決策的過程、沒明文規定的衣著方式、教導的風格，全都可以十分陌生。結果，無論我們的歡迎多麼熱烈，窮人也可以在教會之中感到被邊緣化，就如在教會以外一樣。

將耶穌形容為「罪人的朋友」的確是一種侮辱或指控。可實際上這變成了我們極大的盼望之源。當察覺到自己內心充滿罪惡，我們會因著知道耶穌是「罪人的朋友」而得到安慰。上帝是滿有恩典的。但是，上帝的恩典意味著耶穌與不體面的人待在一起。人會不滿祂的同伴。假如我們的教會充滿受人敬重的人，那麼，也許我們並沒有真正領會到上帝徹底的恩典。

但是，富裕的人又怎樣呢？他們也是貧困的嗎？是的。我們也應該向他們傳福音嗎？是的。富裕的人有很多社會需要（social needs）。更重要的是，他們像所有階級的人一樣，「本為可怒之子」（弗二 3）。他們在上帝眼中，並不是富足的（路十二 21）。他們需要藉福音與上帝復和。因此，是的，我們需要向富裕的人傳福音。而事實上，這正是路加福音的信息。路加醫生是一個有學識的人，他寫信給另一個有學識的人提阿非羅。二人都是羅馬社會中受過良好教育的精英分子。路加形容提阿非羅是「大人」，他可能是有地位的。耶穌本身會花時間與富裕的人和有權力的人相處，有時候會籲請他們，有時候會挑戰他們，有時候會責備他們（十一 37～41）。但是，我們要留意路加跟提阿非羅說話的調子，以及耶穌在福音書中對富裕的人的呼召。救恩並不是無要求的和只關乎個人的，並非與墮落世界每天真實的生活無關。路加的呼召，就如我們所見，是要提阿非羅站在邊緣人士的一方，像耶穌那樣。耶穌呼召年輕的財主把所有的分給窮人，耶穌表明那是捆綁著他的偶像，阻止他服事上帝（十八 18～30）。路加承認這是艱鉅的任務，而這也正是他寫這卷福音書的原因。他想提阿非羅對終末的逆轉有把握，並且他要求提阿非羅因此將生命押上。他根本就是在要求提阿非羅背起十字架（十四 25～27），而他承認這個決定是要計算代價的（28～33 節）。這實在遠遠超過勤於出席教會，遠遠超過個人化的道德改革，而生涯規劃、生活方式和處世態度卻保持不變。再者，路加承認財富和地位的影響力，捆綁著人。福音書一次又一次地將對財富和地位的慾望，視之為真正作門徒的主要威脅（六 20、24，八 14，十二 15～34，十四 33，十六 9）。「『一個僕人不能事奉兩個主；不是惡這個愛那個，就是重這個輕那個。你們不能又事奉上帝，又事奉瑪門。』法利賽人是貪愛錢財的；他們聽見這一切話，就嗤笑耶穌。」（十六 13～14）

一所位於有二萬七千居民的富裕市鎮中的教會，收到超過六十份助理牧師職位的申請；與此同時，一所位於英國北部、服事數十萬人的城市的教會，卻連一份助理牧師職位的申請也沒有。人有時候會聲稱這是呼召的問題吧。他們不會質疑服事窮人的重要性，可他們卻感到自己的呼召是服事有錢人。那並不是路加跟提阿非羅說話的調子。而這也未能解釋，為甚麼上帝呼召那麼多人到國內富裕的地區去，其數目明顯遠超貧窮的地區！事實上，聖經中惟一的呼召，是十字架的道路，那是服事的道路、犧牲的愛的道路，以及受苦的道路。

在哥林多前書一章，保羅說：

> 弟兄們哪，可見你們蒙召的，按著肉體有智慧的不多，有能力的不多，有尊貴的也不多。上帝卻揀選了世上愚拙的，叫有智慧的羞愧；又揀選了世上軟弱的，叫那強壯的羞愧。上帝也揀選了世上卑賤的，被人厭惡的，以及那無有的，為要廢掉那有的，使一切有血氣的，在上帝面前一個也不能自誇。但你們得在基督耶穌裏是本乎上帝，上帝又使他成為我們的智慧、公義、聖潔、救贖。如經上所記：「誇口的，當指著主誇口。」（林前一 26～31）

上帝有一個策略，可高舉祂兒子和讚頌祂恩典的，那就是揀選世界上愚拙、軟弱、卑微的，使他們作祂的子民。世界高舉專業人士的智力、有權力的人的影響力，以及上流社會階層的尊貴。世界認為這些東西是重要的。但是，我們所誇的是基督耶穌。惟有祂是我們的公義、聖潔和救贖。我們得以站立在上帝面前，完全與我們的智力、社會階級和財富無關。這全是祂的恩典。而且，為了避免引起誤會或使人混淆，上帝揀選了卑微的、貧窮的、不體面的與被邊緣化的，讓他們住在祂的國度裏。祂這樣做，是為了羞辱和除去人的驕傲。實在太好了！世界重視的人，在上帝的國度裏根本算不得甚麼；世界藐視的人，上帝卻高舉他們。祂抬舉他們，並給予他們尊貴的地位。而除非我們接納他們那被藐視和卑微的身分，否則我們便無法在上帝那顛覆的國度中佔上一席位（太十八1～5）。上帝不成比例地把信心賜予邊緣人士。

現實正是這樣。教會今天正在非洲的貧民窟、以及在拉丁美洲的貧民窟和城郊中，漸漸增長。當我們環觀世界各地的教會，上帝正在揀選軟弱的和卑微的，使西方國家的權力和財富蒙羞。似乎，上帝對全球資本主義的帝國主義之回應，是在那片被這個新帝國剝削和邊緣化的地方，興起大能的教會。就讓西方國家的教會留意這一點。

問題是，為甚麼西方國家的教會無法接觸我們社會中的窮人和邊緣人士？假如我們的教會反映出保羅在哥林多前書一章所描述的現實，那麼，我們就要問問自己，到底我們宣告的信息、我們宣告它的方式、我們建立的教會文化、我們對教會成員的期望，凡此種種，或多或少還是完全不忠於十字架的信息？我們為誇口留有餘地。我們非但沒有消弭地位、智力和財富，反而過度重視這些東西，並因而消弭了「耶穌基督並祂釘十字架」的信息（林前二2）。保守的基督徒反對任何對代贖教義（substitutionary atonement）之貶低，是正確的。[6]而我們也得檢察自己，看看我們有沒有奪去十字架的能力。

註譯

1. 引於 David Cannadine, *Class in Britain* (Yale, 1998), 20, ix。
2. 見 Tim Chester, *Good News to the Poor* (IVP, 2004), 第四章。
3. 引於 Paul Vallely, "Mrs Jones has Something to Say," *The Independent* (7 August, 1996)。
4. Robert Chambers, *Rural Development: Putting the Last First* (Intermediate Technology, 1983).
5. 見例如：David Archer and Sara Cottingham, *Action Research Report on REFLECT* (DFID Education Research No. 17, 1996)；Robert Chambers, *Whose Reality Counts? Putting the First Last* (Intermediate Technology, 1997)；Anne Hope and Sally Timmel, *Training for Transformation: A Handbook for Community Workers Books I, II and III* (Intermediate Technology, 1984)；David C. Korten, *Getting to the 21st Century: Voluntary Action and the Global Agenda* (Kumarian Press, 1990)；Bryant Myers, *Walking with the Poor* (Orbis, 1999)；Jules N. Pretty, Irene Guijt, John Thompson and Ian Scoones, *Participatory Learning and Action: A Trainer's Guide* (IIED, 1995)。
6. 見 Tim Chester, *Delighting in the Trinity* (Monarch, 2005), 第十章。

5 教會植堂 Church Planting

如何將福音、宣教與羣體的原則應用在教會植堂之上？這是問錯了問題。宣教和羣體並不是用來**應用**的。教會植堂**是**宣教和羣體的延伸，它是宣教和羣體的交匯點。按定義來說，它是一個宣教活動，更可說它就是**那個**宣教活動，或者那個核心的宣教活動。它確保宣教佔著教會生活的核心位置。可是，教會植堂，按定義來說，亦是教會的活動，它確保教會是宣教活動不可或缺的一部分。它將宣教定義為形塑（forming）和建立教會。教會植堂把宣教置於教會的核心，又把教會置於宣教的核心。

佔基督徒羣體核心位置的宣教

我的一位友人在他二十多歲時成為基督徒。他是一個商船船員，直到歸信之前，他從來沒有上過教會。他告訴我，他對第一次的教會商人聚會，感到十分興奮。他參加了幾次星期日的聚會，並受了洗。現在，他的第一次教會季度聚會快要來到，他滿心期待著。這個聚會，就如他所說，是他們計劃擊倒撒但的地方。結果他大吃一驚。他發現他們討論的主題，就如他們在洗手間用的廁紙一樣，徹底令人失望！

卜仁納（Emil Brunner）的名言是：「教會藉著宣教而存在，就如火藉燃燒而存在一樣。」人有時候會說，教會的主要目的是敬拜而非宣教。但是，這是一個錯誤的二分。教會的確是為了敬拜上帝而存在，它是基督的新婦。但是，耶穌並沒有在我們歸信時，叫我們參加天上的詩班。耶穌把祂的教會留在地上，祂告訴我們，要直到地極，作祂的見證（徒一8）。事實上，在歷史中，我們透過宣教宣告上帝的美德（彼前二9）。我們既從救恩的泉源取水，就當歡然歌唱。然而，我們是向萬民頌揚上帝的美德，將上帝的救恩「普傳天下」的（賽十二）。在歷史中，敬拜是宣教，宣教是敬拜；在歷史中，教會藉著將上帝普傳天下，榮耀上帝；在歷史中，對每所本地教會來說，宣教必須是中心性的。

但是，宣教很易成為教會生活中的各種活動中的一種。它與一系列其他事項並列在議程上，爭奪眾人的目光，又或被置於教會生活的邊緣，留待熱心人士處理。對一些教會來說，當他們努力維持教會的運作時，宣教只是個遙不可及的夢。單是安排每星期的崇拜，已經是很大的挑戰了。

隨著日子漸逝，教會似乎得著很多，委員會、聚會、活動、傳統；它們本身並沒有任何問題，但是它們漸漸叫教會從宣教模式變為維持模式（maintenance mode）。時間與精力都花在維持制度運作。很多教會的精力因而全花在維持傳統活動和教會建築物。崗位，為了被填滿而存在。教會生活所環繞的，是維持教會架構和活動。我們需要轉移至「宣教模式」。人們開始説，我們需要「宣教的神學」（missionary theology），而不是「宣教神學」（theology of mission）。宣教，不可以再被視為神學的一個分支；所有神學都必須以宣教為定向。我們作為教會，需要同樣地重新定向。我們是在宣教的情境中，而我們所做的一切，都必須是宣教的（missionary）。

教會植堂，是使這一切出現的最好方法，因為它必然並自然會將教會轉移至宣教模式。宣教，再次奠定教會的本質、目的和活動。這對於植堂教會（church plant）和差遣的教會（sending church），都是真實的。事實上，差遣的教會普遍會見到更多即時增長。因植堂教會需要時間尋索它的身分以及建立其羣體中的連繫；而差遣的教會要找人站出來，填補那些被差出去的人的崗位，這對新人來説，提供了更多建立關係和實際活動的空間。最重要的是，它迫使會眾重新正視宣教的挑戰。

佔宣教核心位置的基督徒羣體

佔上帝救恩計劃核心位置的，是家和國。上帝的旨意並不是以很多不相往來的個體為焦點，而是以祂的子民為焦點。基督為了被揀選的人、為了祂的新婦、為了教會受死。聖經是上帝創造新人類的故事，即那些將要成為祂子民的人的故事。「我要作你們的上帝，你們要作我的子民」是貫穿聖經的中心思想。教會不單單是在歷史時空中求個方便，旨在有效組織門徒和宣教而已；不，基督的新婦既完全又完美，正佔了救恩高潮的核心位置。而上帝的旨意不只救贖子民歸祂，亦要他們彼此復和。人類的墮落，不只令人疏遠上帝，也令人彼此疏遠。但是，在基督裏兩下已合而為一，中間隔絕的牆已被拆毀（弗二 11～22）。這正是基督徒的合一之所以如此寶貴的原因。上帝偉大的復和計劃如今已在教會中實現了。

假如，個體佔了上帝計劃的核心位置，那麼，很自然就會將個體放在宣教的核心位置上，而很多人正是這樣做。但是，佔上帝救恩計劃核心位置的，是家和國。因此，教會應該佔宣教的核心位置。

要成為基督徒，按定義來說，就是要成為上帝子民的羣體的一分子。要與基督聯合，就是要成為祂的身體。新約聖經假定了這往往以委身於一所本地教會來表達。教會的向心性，意味著會眾的向心性，否則它就沒有甚麼意思。當教會是一個抽象、普世性的實在

（universal reality），委身於教會是很容易的；但是，新約聖經假定，那應是在真實的本地教會中，委身於真實的人，而且那是有著種種缺點和弱點的。

有些人以普世教會之名，採納一個流動的教會觀（fluid view）。他們參加研討會、參加短期隊、參與福音機構，他們聲稱，這一切便構成了他們對教會的委身。稱這些為教會，某程度上可以是正確的，[1]但是，它們不是羣體的代替品，新約聖經預設了羣體是基督徒生活的處境。愛抽象的教會，或者短時間愛人，很容易；但是我們蒙召去愛人，與他們分享我們的生命。這是通往基督徒成長和成聖的道路。委身於上帝的子民，是透過委身於獨特的會眾表達出來的。

討論普世教會，或許也是重要的，但是，對教會的經驗，總是根源自本地的基督徒羣體。因此，假如，對上帝的旨意而言，教會是中心性的，那麼，對踐行宣教而言，本地會眾亦必須是中心性的。是沒有離開了本地教會的宣教的。本地教會是宣教的施動者（the agent of mission），它是使人作門徒（discipled）的處境。沒有可持續（sustainable）的本地基督徒羣體，就沒有可持續的基督徒宣教。基督徒羣體的生活是復和的福音信息的一部分，也是傳遞那個信息的方法的一部分。

因此，宣教無法靠著「獨行俠」完成；宣教必須藉由一個信徒羣體去完成。它不可以靠著「快閃」（hit-and-run）的方式完成。必須有一個可以觀察的羣體，而那個羣體可以提供有歸屬感的地方。當我們想到「宣教」，我們必須想到「教會」。而把教會和宣教連繫起來的最好方法，就是透過教會植堂。

已去世的紐畢真，在西歐根深柢固的世俗處境裏，為信仰的未來努力搏鬥；他主張我們需要重申會眾在宣教中的中心性。他認為，回到某種基督教王國的模式，既不可能，也不可取。我們必須從「外邦人的君王」所運用的那種權力中回轉，並接納僕人的身分，服事別人（路二十二 25 ~ 26）。但是，一種單單關注生活上私人和家庭層面的「得人的門徒」的角色，我們也不應該接納，那是對上帝國度的普世性宣告的揚棄。紐畢真細察耶穌的樣式，祂透過僕人的身分，施行上帝國度的全權。教會怎樣才可以效法耶穌的樣式，真真正正在世上代表上帝的掌權？他相信答案是在本地會眾身上。

> 我開始有這樣的感覺，那就是當我們希望基督徒能影響公共生活，我們一定要考慮的首要的實在（primary reality），是基督徒會眾。福音怎可能是可靠的？即人應該相信一個掛在十字架上的男人竟代表了世事的結論？我主張，惟一的答案、對福音的惟一詮釋，就是男男女女組成的會眾，他們相信福音和按福音而活。當然，我們試圖以福音挑戰公共生活，這些活動的重要性不容否定——福音運動、派發聖經和

> 基督教書刊、討論會，甚至像這樣的一本書。但是，我要說的是，這些全都是次要的，而惟有當它們根源於、並領人回到信仰羣體時，它們才有能力達到它們自身的目的。[2]

紐畢真認為，在本地會眾當中，基督徒可找到一個「理解框架」(framework of understanding)，讓他們從福音的角度看出世界的意義。基督徒羣體的合理架構(plausibility structure)，讓信徒可以拒絕現代性那無處不在的虛假「常態」(normality)。公共活動所包含的恩典性格及福音性格，能使會眾免於道德討伐的調子，因為會眾心存感恩，銘記著上帝在基督裏賜給我們的恩典。紐畢真認為，在我們的社會中，福音的未來，並不是取決於採納甚麼特定的傳福音技巧、創辦基督徒政黨，或者推動宣傳策略，「福音的未來，只會取決於本地教會所發軔的運動，在本地教會之中，新的創造之實在(reality)，臨在、被知曉和被經驗；由此，男男女女將會進到公共生活的每個層面，為基督得著它，揭開仍然隱藏著的假象，並把公共生活的所有領域，展露於福音的光照之下」。[3]

宣教顧問梅利(Stuart Murray)警告大家，要避免只定焦於一種排除其他重要宣教面向的教會植堂，譬如，這些重要面向包括在社會中致力推動和平和公義、關心環境和文化參與。[4]但是，教會植堂必須是優先的，至少在沒有教會的地方如是。因著教會在上帝旨意中的中心性，這便是自然的結論了。再者，教會給我們提供了最好的處境，以確保基督教事工和宣教的所有層面，都能整合在一起。教會往往已在當地社區存在多年，這意味著它是幫助窮人的好地方，並且它的工作將是有機會可以長期持續下去的。就如一個以英國為基地的肯雅發展工作者（development worker）告訴我：「我知道，當我回到肯雅，我的教會依然會在那裏；但是我不知道我的發展機構會否還在。它們今天還在，明天就可能不在了；但本地教會在那裏好多年了。」本地教會不只幫助窮人，它本身就是窮人。發展項目可以不需要本地教會，仍然可以促成可持續發展；但倘若沒有當地信徒羣體，這些發展項目將無法維持一種「基督教的」發展。問題並不是在教會植堂和社會參與之間作選擇，而是要建立哪一種教會。它們是不是關心窮人的教會，歡迎邊緣人士參加？

對宣教的使徒式取向

按新約聖經所踐行的，有兩種教會植堂模式。一種源自「新約聖經對宣教的取向」；另一種源自「新約聖經對教會的取向」。但是我們不應該將兩者區分得太清楚，因為我們發現，教會佔新約聖經宣教觀的核心位置，而宣教也佔新約聖經教會觀的核心位置。魏格納（Peter

Wagner）定出了十二種不同的當代教會植堂模式。[5]羅賓森（Martin Robinson）和斯普里格斯（David Spriggs）則列出了十種。[6]但是，他們都把他們的清單分為兩個範疇：在現存本地教會以外進行的教會植堂，以及由一羣會眾催生的教會植堂。這種分類方式，大致等同於在新約聖經中看到的兩種模式。

第一種是保羅採納的模式，即由一個團隊，在之前沒有教會的地方，建立教會。對保羅來說，宣教就是建立教會。在新約聖經中，無論福音在哪裏宣講，那裏就有本地教會被建立。在使徒行傳，路加刻意將保羅描述為建立教會的人（church planter）。這種教會植堂方法，包括一個教會植堂團隊或者一隊使徒隊伍。這個團隊就像一間教會，同時，一間教會環繞著它成長——提供學習作門徒的處境以及展示基督徒羣體是怎樣的。

有時聖經會將這類建立教會的人稱為「使徒」。舉例來說，在使徒行傳十四章14節，巴拿巴被形容為「使徒」，雖然他不在「使徒的根基」之列（弗二20）。在哥林多前書九章，保羅肯定自己使徒的身分時，他**同時**根據兩個條件：他親眼看見了復活的基督，**以及**他身為建立教會的人。「使徒」一詞確實需要更新，因它可能背負著太多當代的包袱；但可以確定的是，「使徒式」的宣教，就是教會植堂。

對羣體的使徒式取向

使徒式教會，是有繁殖力的教會（reproducing churches）。[7]使徒式教會在家裏聚會——或許是在富裕的教會成員家中，或是在較為簡陋的樓房裏。[8]其實，要到了二世紀中葉，才特意將家改為基督徒的聚會場所。而要到更後期，才有目的地建立基督教建築物——主要是複製異教神廟，這發生在君士坦丁大帝將基督教定為羅馬帝國法定宗教後。[9]

意思是說，使徒式教會的增長，是藉著增加更多家庭聚會（household gatherings），而不是藉著一間超級教會的人數增長而得。因此，舉例來說，保羅「寫信給在哥林多上帝的教會」（林前一2），但也可以討論從「革來氏家裏的人」所得的資料，以及他怎樣「給司提反家施過洗」，而「司提反一家是亞該亞初結的果子」（一11、16，十六15）。[10]

使徒式教會是有繁殖力的家庭教會，因為它們正是這樣被建立起來的。對使徒式教會植堂團隊的模式而言，家庭是中心性的。在使徒行傳十六章，呂底亞和禁卒的「一家」都受了洗，而一所教會就在腓立比建立起來了。在使徒行傳十八章，基利司布的家庭相信了，而一所教會就在哥林多建立起來了。相反，在使徒行傳十七章，雅典裏「有幾個人」相信了，但是經文沒有告訴我們，有家庭相信了。這表達了為甚麼當地似乎沒有教會被建立起來？保羅在哥林多前書一章16節提到他給司提反一家施洗。因此，保羅在哥林多的日子，大概監理著城內一些家庭教會。重點是他選擇建立一些小型教會，而不是創立一大羣會眾。在以弗所，保羅使用推喇奴的學房，跟人**公開**辯論（徒十九9）；與此同時，他又「在各人家裏」教導信徒（二十20）。

今天，在中亞地區，宣教士以整個家庭歸主為目標，以致這些家庭可以成為新的本色教會（indigenous church）的基礎。在一個中亞市鎮裏，有幾個人分別接受了救恩。宣教士特別要求為其中一個信徒的丈夫禱告，因為他對福音感興趣，希望他能接受救恩。他們的禱告，不單單為著他個人得救，也是為了最終能將教會建立起來。這個策略，似乎反映了使徒保羅的踐行。

保羅建立了家庭教會（household churches），而這些教會藉著成為宣教的教會，延續他的宣教工作。這些教會內設了教會植堂的基因。保羅建立了教會，使之成為進入城市的橋梁；藉著建立更多家庭會眾，教會便可以延伸到該城市。

不斷繁殖教會，是使徒式教會的發展模式，而這種模式更是「基督徒羣體的原則」的最完滿表達。家庭模式，某程度上定義了教會。教會**是**上帝的家（弗二19～22；提前三15；來三6；彼前四17）。預備要當領袖的人，能否好好管理自己的家，反映了他能否好好照管上帝的教會（提前三4～5）。對新約聖經時代的基督徒來說，「教會」這觀念，等同家庭和家。在以弗所克里特的假教師「的口總要堵住。他們因貪不義之財，將不該教導的教導人，敗壞人的全家」(多一 11；參提前五 13)。而倘若假教師來到，約翰說：「不要接他到家裏，也不要問他的安。」(約貳 10) 在提多書和約翰二書，最自然的讀經方法，就是把它理解為指向家庭教會。

我們要說的，不是盲目堅持以家作為教會聚會的地點，也不是要否定為特定目的興建的建築物的價值。我們要說的重點是，當教會增長，使徒式教會會變成由細小羣體組成的網絡，而不是一個大型的羣體，藉此維護教會生活的使徒式原則。這些小組是否稱為教會，並非最重要的；重要的是，它們是教會的生活和宣教的焦點。

細小的羣體，決定了一種**規模，**其大小是可容讓彼此作門徒和彼此照顧真真實實發生的。它們創造出一種**簡約**，可以防止維持思維(maintenance mentality)的不利影響：沒有昂貴的建築物要維修，沒有複雜的程序要運作。它們決定了一種**風格**，強調參與和包容，仿效耶穌自己訓練人作門徒的模式，以及祂自身與人愛筵上的相交。其中一個新約聖經終末論的關鍵表達方式，是「彼此」(one another；有時候作「互相」、「各人」〔each other〕)。這一點往往為神學學術研究所忽略，也許並不教人驚訝。這不過是信徒皆祭司的實際表達。無論教會架構的彈性有多大，這些原則都要持守。我們要使彼此作門徒(to disciple one another)和彼此勸勉，也要彼此相愛和照顧。

很多人對教會植堂並不熱心，因為他們假設了「大就是好」。但是，新約聖經的家庭模式，卻絕非偶然。它讓新約聖經的原則能夠表達得最完滿。相互性（mutuality）：彼此教導、彼此勸勉、彼此照顧，可以在小組的家庭氛圍底下興盛起來。當所有人的貢獻都不會淹沒於羣眾之中，「信徒皆祭司」便給表達出來。對福音工作來說，家，是強大的力量：上帝的恩典，體現在包容別人的飯桌之上，就如耶穌自己事奉時所作的。[11] 與此同時，如果小型的羣體發揮著宣教羣體的功能，很多從規模而來的優勢，是可以透過較小的教會網絡合作，或一所大型教會與小組網絡合作而得到的。太多時候，家庭小組變得內向，因為它們欠缺了宣教的使命。然而，家庭小組很有潛力成為一個的宣教處境，基督徒於其中能夠如同一個羣體那樣，一起從事宣教工作。

假如，就如新約聖經所見，教會透過不斷分開而得以增長，那麼，這對我們的教會增長觀，會產生深遠影響。教會增長的異象必須是一個教會植堂的異象。

教會植堂和教會更新

教會植堂給我們一個機會，可以按著聖經教導，徹底重造（re-invent）教會；大部分新約聖經都向我們展示，即使是初代教會時期，情況也一樣。正是在外邦人當中建立教會的經驗，驅使大家在耶路撒冷舉行那個重要的會議（徒十五章）。它迫使教會承認，彌賽亞的死與復活，的確徹底影響了他們對救恩和上帝子民的理解。

我認識一所由大型福音派教會建立的教會，這間大教會的會眾有他們自己的一套想法。他們設立了一個同工團隊，包括一位牧師、助理牧師、學生工作者、牧養同工，以及一個行政人員。他們購買了一所教會建築物，也給牧師買了一間房子。結果，他們每年的財政預算，不計建堂支出，大概是二十五萬磅。他們正在做一件好事，力求增長和探索新的事工領域。可是，假如每所教會都擁抱他們那套想法，那麼，大部分都不可能植堂了。因為這個取向顯然是大部分教會所力不能及的。假如，由過去的經驗和傳統，決定了教會之所是意味著甚麼，那麼，它就會抑制教會植堂。又或者，植堂教會有機會成為複製品——差遣的教會的複本。除非我們察覺到這危機，不然，當小型教會奮力模仿大型教會的活動計劃，教會植堂事實上會使宣教活動減少。

教會植堂的主要限制往往是欠缺想像力。人想像不到教會植堂該如何進行，或教會該怎樣以不同的方式運作。他們的教會多麼「成功」，大家都不想放手。這也許因著有些人不想冒險，不想付代價，不想感到不舒服，而那是教會植堂要涉及的。我們對一間「成功」的教會，會有一個概念，這包括好些階層的同工、各種事工項目和活動。教會植堂令人感到要放手，從成功走到沒那麼成功。

我們一定不可以被社會學牽著走，也不可遷就我們的文化。但是，我們需要顧及我們身處的嶄新宣教情境。在英國，約有百分之十人口，會恆常在普通星期天上教會；有百分之十是邊緣成員，每幾個月才上一次教會；有百分之四十「不再上教會」，已長久與教會失去聯絡；還有百分之四十人口，除了特別的節日外，從來不會上教會。[12]這個新的宣教處境需要新的進路。教會植堂不能不加批判地複製現存的模式。教會植堂應該站在最新的終末思想的前沿。這正是福音與羣體這兩項原則的價值所在——它們給我們一個框架，讓我們可以在當中探索運作教會的新方式，同時防止我們向文化投誠。

從跨文化宣教的經驗可學到功課。當福音最初進入一個文化，福音與那個文化之間的對比，往往都是很明顯的。然而，隨著日子漸逝，教會不單會影響周遭的文化，也會遷就文化。舉例來說，西方教會塑造了西方文化的價值觀，高舉誠實、尊重和慷慨；但是，消費品給人意義感和身分認同，這謊言同樣成為我們的引誘。透過宣教，教會可以掙脫外在的制約，免於遷就文化；也可掙脫內在的制約，不拘泥於傳統，重新發現福音的活力。教會植堂，對普遍教會的健康，十分重要。教會植堂有度，迫使我們重新詢問有關福音和教會的問題；迫使我們重造教會，也就是以福音為中心且沒有宗教傳統羈絆、同時又是適切相干且不會遷就世界的教會。

假如教會不斷透過植堂來重整自己，就不需要「第二代教會」了（second-generation churches）。如果第二代「基督徒」，是指那些沒有親自經驗過福音的信徒，那麼第二代教會，是指那些失去了自身福音的巨大前進動力的教會。教會的十五週年慶典，可以不是慶祝上帝的信實的場合，而是哀悼祂的子民停滯不前的地方。教會植堂不會使差遣的教會變得軟弱，反而那是重要的契機，將教會生活重新聚焦於福音之上。差遣的教會的身分應該徹底改變。它不可以是同一所教會的延伸，也不可以重複著同樣的計劃；它必須再次尋找新的領袖；它必須再次探問，怎樣可以將福音帶給它的鄰舍。

總結

有時候，那些委身於教會植堂的人，會掉入兩個陣營。第一個陣營的人，其首要關注是關於宣教的，並且他們視教會（是以教會植堂的形式出現的教會）為最忠於聖經，或者是他們委身於宣教的最便捷方式。第二個陣營的人，其首要關注是教會。他們視宣教（以教會植堂的形式出現的宣教）為踐行他們徹底的教會異象的最佳的方式。

在哥林多前書三章，保羅反思一個問題，那就是教會要植堂有度，應包括甚麼元素（而「教會植堂」這措辭，正正從這段經文而來）。關鍵是：福音佔教會植堂的核心位置。哥林多人建立的教會，已經將福音拋諸腦後。他們關心的，是人的力量和智慧。他們為了次要的問題而分裂。保羅把基督釘十字架的福音放回教會和教會植堂的核心位置。

有些人的首要關注是關於傳福音的，他們可以很容易就落入實用主義的囹圄。論教會植堂的著作，盡是各種技巧和程序的描述，並且給讀者提供周詳的計劃，從成立團隊到主持公開發佈活動，不一而足。保羅提醒我們，釘十字架的基督的**福音是充分的**。藉著上帝全權的恩典和福音的大能，人得蒙救贖，教會得以建立（林前二 1～5）。我們要謹慎，我們是以基督的福音為根基，在上面建造（三 10～11）。是上帝「叫它生長」（7 節）。

有些人的首要關注是教會，他們可以很容受內部的互動或教會的架構所吸引；因而「好好安排」教會羣體的生活，成為要最優先要處理的課題。保羅提醒我們**福音的中心性**（the centrality of the gospel）。我們最渴望的，應該是福音的拓展。惟有福音工程才能抵得住審判之火（林前三 12～15）。

還有第三個陣營：有些人的首要關注的是以福音為中心的羣體，他們視福音為最優先的，並視基督徒羣體為福音的自然表達。新約聖經呈現出來的教會生活模式，暗示了定期**移植**教會（transplanting）。這營造出宣教的動力，藉此可以從中興起新的領袖，而教會可以重造自己。教會植堂是正常教會生活的一部分，可是現今的教會植堂卻帶有某種神祕色彩，建立教會的人被描繪為獨一無二的崎路先鋒。但是，我們需要建立一個文化，在其中移植教會是平常不過的事。每間本地教會都應該以移植教會和興起建立教會的人為目標。

註譯

1. 有關保羅使用「教會」和「眾教會」的討論，見 Robert Banks, *Paul's Idea of Community* (Paternoster, 1980), 33 ~ 52 和 Peter O'Brien, "A Note on the Term *Ecclesia* in Colossians and Philemon," *Colossians, Philemon,* WBC (Word, 1982), 57 ~ 61。
2. Lesslie Newbigin, *The Gospel in a Pluralist Society* (SPCK, 1989), 227.
3. Newbigin, *The Gospel in a Pluralist Society*, 232 ~ 233.
4. Stuart Murray, *Church Planting: Laying Foundations* (Paternoster, 1998), 32.
5. C. Peter Wagner, *Church Planting for a Greater Harvest* (Regal Books, 1990).
6. Martin Robinson and David Spriggs, *Church Planting: The Training Manual* (Lynx, 1995).
7. Derek Tidball, *An Introduction to the Sociology of the New Testament* (Paternoster, 1983), 79 ~ 86，和 Robert Banks, *Paul's Idea of Community* (Paternoster, 1980), 33 ~ 42。
8. Carolyn Osiek and David L. Balch, *Families in the New Testament World: Household and House Churches* (Westminster John Knox Press,

1997), 5 ~ 35.

9. Bradley Blue, "Acts and the House Church," *The Book of Acts in its First Century Setting, Volume 2: The Graeco-Roman Setting,* eds. David W. J. Gill and Conrad Gempf (Paternoster, 1999), 119 ~ 222.

10. 我們在羅馬書一章7節，十六章3、5、10至11節；腓立比書四章22節；歌羅西書四章15至16節與腓利門書1至2節，見到同樣的模式。

11. 見 Scott Bartchy, "Table Fellowship," *Dictionary of Jesus and the Gospels* (IVP, 1992), 796 ~ 800。

12. 數據取自 Philip Richter and Leslie Francis, *Gone But Not Forgotton* (DLT, 1998)。

6
普世宣教
World Mission

福音話語與福音羣體的中心性，不單在自己的地方適用，也適用於世界各地。上帝呼召我們「宣揚祂的美德」，也呼召我們作「屬上帝的子民」（彼前二9），我們身為基督徒，參與普世宣教，那是我們的責任，也是我們的特權。

給列國的話語

先知以賽亞有一個很宏大的異象——這個異象關乎列國。當然，它是一個上帝所默示的異象。以賽亞察覺到，上帝為了列國的好處，已揀選了亞伯拉罕和他的後裔（創十二3），而上帝的應許也塑造了以賽亞這個關乎未來的異象。以賽亞期盼著列國會說「來吧！我們登耶和華的山」的日子，他們因而可以學習上帝的準則和享受祂和平的掌權(賽二 2～4)。敬拜，對於以賽亞來説，就是讓上帝的救恩「普傳天下」(十二 3～5)。

以賽亞代表上帝發出邀請:「地極的人都當仰望我，就必得救;因為我是上帝，再沒有別神。」(賽四十五 22)在以賽亞的異象中，委身於上帝的外邦人，也會被接納為祂的子民(五十六章)。他呼籲全地用一首新歌讚美耶和華(四十二 10～13)。以賽亞書以應許「凡有血氣的必來在我面前下拜」作結束(六十六 23)。藉著差派祂的子民承擔宣教的工作，「將〔祂〕的榮耀傳揚在列國中」(19 節)，上帝的應許將得以成全。

就是同一個給列國的偉大異象，塑造了保羅的宣教活動。他經常援引以賽亞書，為他在外邦人中或列國中的事奉辯護(徒二十八 23～28;羅九 27～33，十五 12;加四 27)。保羅相信他的事奉正是以賽亞所預言的:上帝會接納萬國，包括猶太人和外邦人(羅十 11～21)。羅馬書以保羅的承諾開始——「在萬國之中叫人為他的名信服真道」，並以保羅將榮耀歸給上帝作結，祂是那位啟示福音、「指示萬國的民，使他們信服真道」的上帝(一 5，十六 26)。

上帝給列國的話語，挑戰我們問這些問題:以賽亞的異象會塑造我們，令我們盡力做好宣教的工作，就像塑造保羅?我們是否渴望上帝「必將萬民萬族聚來，看見〔祂〕的榮耀」(賽六十六 18)的日子呢?

論到普世宣教的經典經文，當然是馬太福音二十八章 18 至 20 節。被釘死並復活了的主，在加利利的山上與祂的跟隨者相會（太二十八 16）。馬太福音早已在耶穌事奉的不同階段，凸顯了山的重要性（四 8，五 1，十四 23，十五 29，十七 1）。耶穌在山上，藉話語創造了祂的新羣體，祂這話語類似以色列人的憲法，即摩西在西奈山上領受的律法（五 1）。耶穌在山上變象時揭示了祂的榮耀（十七 1）。如今，祂在山上與祂的門徒相會，並在祂復活的榮光中說出「末了」的權威話語。

耶穌的事奉，在「外邦人的加利利地」開始，也在這裏結束（太四 15）。這個地方，在公元前七二二年於亞述入侵時，先經歷了上帝毀滅性的審判；這個地方，亦是得勝的聖子開始祂普世事奉的地方，祂的事奉是賜福與生命的事奉（賽九 1～2；太四 12～17）。三年前，被描述為坐在黑暗裏的百姓看見了大光。如今光明已照遍整個世界。耶穌宣告的信息，是上帝快臨的管治（四 17）。當天上地下所有權柄都給賜給祂的那一位，將門徒差出去（二十八 18），他們便成了擴展那管治的使者。

在當代並往往令人困惑的場景裏，「宣教」業已成為一個籠統和靠不住的詞彙。但是，馬太福音結束時耶穌所說的話，為我們提供了一個重要指標。這些話清楚道出，耶穌和祂的話語，正是宣教的核心。**祂**是權柄都賜給祂的那一位；**祂**是吩咐祂的門徒要去的那一位；**祂的**名，是其中一個人要奉之來接受水禮的名字；**祂的**教訓是人要遵守的；當他們出去，**祂**是與他們同在的那一位。佔普世宣教核心位置的，是耶穌的話語和福音的話語。

「宣教」一詞從拉丁文而來，那個拉丁詞彙意為「差派」(sent)。耶穌差派祂的跟隨者出去，帶著祂福音的話語進入世界，使其他人作祂的跟隨者；而這些追隨者又出去，帶著祂福音的話語進入世界，使其他人作祂的跟隨者，如此**生生不息**。聖靈大大使用被釘死的基督的福音話語，宣教就在我們內心發動，並且一直到了世界最遠的角落，宣教才會停止。這是一個不變的連續統一體(continuum)，因為宣教是——或許我們可以稱之為——上帝子民的**穩定狀態**。初期教會很理解宣教。負責亞洲「對話和社會參與」(Dialogue and Social Engagement)的國際基督徒學生福音團契祕書(IFES Secretary)雷榮諾(Vinoth Ramachandra)說：「外展的宣教工作，無論是以猶太人還是非基督徒為對象，這活動本身，並不是後加於信仰之上的；它是源自耶穌的死亡和復活的獨特邏輯，而基本上不是『關於』甚麼別的東西的。」[1]

我們認真地看待這個世界的苦難和不義。我們與那些哀哭的人同哭。好撒瑪利亞人的比喻，具普世性意義和指向所有人。善待所有人的吩咐，我們順服遵行。我們將餅給飢餓的人，將水給口渴的人。我們為受欺壓的人發聲。身為基督徒，我們的生命一起展示出，究竟在君王耶穌的掌權下生活，是甚麼意思；並因而邀請其他人一同在耶穌之掌權下生活。基督的羣體不可或缺的組成部分是人，而他們的心已產生變化，他的心也變得柔軟，以致我們會本能地走出去並願意犧牲，向那些活在社會邊緣的人伸出援手。畢竟，耶穌正是如此，而我們以祂為榜樣。當我們這樣做，我們要頌揚那位轉化我們的救主，以及頌揚祂恩惠神蹟的作為，以表明這一切行動，都是出於祂及祂的作為。

但是，惟有那些伏在君王耶穌掌權之下的人，才能在世人面前頌揚祂，並解釋十字架的信息。因此，宣告福音的話語，必須佔宣教的核心位置。否則，我們就會失去我們獨特的聲音，而世人也會錯失那位被釘十字架的基督之獨特話語。佔普世宣教的核心位置的，是福音的話語。

福音的話語，是給現在並關乎未來的話語。盼望，是我們信息不可或缺的組成部分。非基督徒致力於公義和幫助飢餓的人，而且往往比基督徒更加賣力。但是，惟有基督徒才能將人指向那個將要來臨的世界；惟有基督徒可以向他們表明，聖經怎樣有力地和適切地描繪出我們所有人都希冀的世界！大家可能會誤以為這是一張「空頭支票」，但是這是福音的應許。我們可以為別人做的，正正就是讓他們眼望永恆。而這亦正正是福音的話語和福音羣體的獨一無二之處。[2]

在公元九八八年，基輔（Kiev）的弗拉迪米爾王子（Prince Vladimir of Kiev），決定以東正教（Eastern Orthodoxy）作為他的「宗教選擇」，而他同時亦探討過伊斯蘭教、猶太教和天主教。因此，他要基輔的公民到第聶伯河（Dnieper River），強迫他們受洗。經過這事，俄國人成為一羣「基督徒」。另一個選擇，是成為「王子的敵人」！這種「宣教」透過刀劍而不是透過話語進行。即使是今天，還有一些基督徒想透過刀劍來擴展基督的國度。他們可能不會強迫人受洗，但他們會期望國家要維護教會的利益，或者立法推行基督教價值，或者保護我們國家的基督教遺產。好些所謂的福音派羣體，致力於維護基督教在國家教育方面的影響力，維護特別的基督教加冕誓言。他們假設，追尋基督的事業，應該透過政治途徑。這是基督教王國（Christendom）的反照，即基督教與地上勢力結盟。但是，正如大使命所清楚說明的，基督的國度是透過宣講福音而得以擴展。基督的子民應該預期會遭世人逼迫（太五 11～12）。我們的君王，是在十字架上、而不是坐在寶座上施行管治的。

給列國的羣體

詩篇六十七篇重塑了亞倫的禱告。這篇為以色列民祝福的禱文，記載在民數記六章 22 至 27 節。詩篇把敬拜者與上帝連繫起來。而詩篇六十七篇的連繫更進一步：將敬拜者、上帝與列國三者連繫起來。這個祈禱原來的上文下理，是耶和華曉諭摩西「身為上主的會眾，其內在的或道德上的、以及屬靈上的組織安排」。[3]這個祈禱預設了以色列在世上的獨特身分。他們是耶和華要賜福和保護的子民，是祂的臉要光照的子民，也是祂要恩待的子民。詩人擷取這個祈禱，並賦予它一個普世性的焦點。他祈求上帝恩待萬國，並賜福它們，使祂的臉光照他們，以致「世界得知你的道路」(詩六十七 2)。這首詩篇接著「呼召」萬國要讚美耶和華，並因祂歡呼快樂。在這首詩的結束之處，總結了上帝賜福的目的：「上帝要賜福與我們，地的四極都要敬畏他！」(六十七 7) 詩人知道以色列蒙揀選的目的，並明白耶和華決意要成就祂給亞伯拉罕的應許。祂要賜福亞伯拉罕的後裔，透過他們賜福萬國，並藉他們讓人承認祂是全地的上帝。

教會是上帝的宣教策略，佔上帝要賜福萬國計劃的核心位置的，是上帝的子民。教會是由宣教組成以及為宣教組成的。藉著教會宣講的話語，以及教會活出的團體生活，吩咐全世界的男男女女悔改，並邀請他們活出生命。福音的話語和福音羣體是宣教不可或缺的，因為那一直都是上帝的策略。

新約聖經論及教會的兩種意義。第一，教會是圍聚於上帝寶座四周的屬天會眾。第二，教會是用在本地會眾身上的，他們展示出屬天教會的實在。我們每個人都有責任幫助本地會眾，使他們更完美地體現出那屬天會眾的樣式。要好好擔當這角色，我們要彼此相愛和彼此恩待，也要藉福音成為別人的幫助。

我的花園裏有一棵樹。我告訴你：「這是世上最好的蘋果樹。」你可以自己看看，它是一棵好樹。它外形精緻，葉子蒼翠繁茂，樹幹結實。但是，如果要證明我的宣稱——它是世上最好的樹——是對的話，惟一的方法，就是嘗嘗它長出來的蘋果。憑著它長出來的蘋果，就可以認出它是一棵好樹！福音也如此。憑著那位君王在世上管治的方式，就知道國度的來臨是好消息。憑著祂所創造的羣體，活出豐盛的生命和體現祂的管治，我們就知道那仍然是好消息。我們可以說教會是上帝的宣教策略，原因正在於此。而那是指真實的本地教會！

本地和普世宣教，兩者都是每一間本地教會的特權和責任。基督的智慧是「有血有肉」的，並非紙上談兵；祂的身體，為著福音的緣故，跨越了種族、文化和語言的樊籬（弗三 8～11）。說真的，我們對地上教會的實際經驗，怎能使我們跟這個偉大的異象連繫上？我們如今看見的教會似乎滿是皺紋和瑕疵，但教會仍然儼如一個漂亮的新婦，是她丈夫所愛的（五 26～27）。我們需要用這個異象去塑造我們的視角。我們需要視教會為美麗的、有動力的、有能力將福音話語傳給萬國的。上帝正是如此看教會，而那亦正是祂為教會所安排的目的。

這觀點明顯反映在保羅的宣教活動上。在羅馬書十五章 19 節，保羅說：「我從耶路撒冷直轉到以利哩古，到處傳了基督的福音。」譯作「到處傳了」的動詞的意思，是使某些東西達致完全，或者完成某些已經開始的東西。這是一個大膽和雄心萬丈的宣稱。新約聖經學者莫理斯（Leon Morris）說：「由於保羅只在一些較大的城市傳道，他決不會認為福音已經傳遍了他所提及的整片地區……他是在一些策略性中心傳道並建立教會的，而這些中心則分佈在他提及的整片地區中。」[4]保羅已做了他要做的事。從那些中心持續開展工作，將福音傳給偏遠地區，是保羅留下的教會的責任。保羅的宣稱暗示了他對那些教會充滿信心，他相信他們會承擔這責任。宣教是他們的基因的一部分，因為賦予他們生命的話語，就是上帝給世界的話語。

教會的宣教和上帝的宣教

並不是每個人都這樣看。將 *missio Dei*（上帝的宣教）與 *missio ecclesiae*（教會的宣教）作對比，已經很普及。譬如南非宣教學家博許（David Bosch）聲稱，當教會以教會植堂為宣教的主要方式時，教會就「停止指向上帝，也停止指向將來；相反，它是指向自己」。[5]

巴特（Karl Barth）是最先論到「上帝的宣教」的神學家之一。他指出，「宣教」一詞原本是用來形容父差遣子，以及父和子差遣聖靈的。在這之上，再加上進一步的差遣：三一上帝差遣教會。三一上帝是一位宣教的上帝。因此，教會宣教，因為上帝宣教。教會的角色，是參與上帝的宣教。這個觀點的價值在於將宣教植根於上帝論，而不是把它歸到應用神學的名下。但它同時把教會相對化為（relativizes）建立機構或帝國。

但隨著二十世紀的發展，「上帝的宣教」這概念在一些圈子裏被修改。它漸漸變成了包含上帝在世上所做的一切。「上帝的宣教」在歷史事件中、而不是在教會的活動中發生。教會的宣教得納入上帝在世上更廣泛的活動之中。

問題是，太多時候，我們是透過啟蒙運動的價值觀的框架、而不透過聖經的見證，來辨識上帝在歷史中的活動；結果，不同種類的活動都被算在內，因為它們都是「上帝的宣教」的一部分。「上帝的宣教」往往用來跟教會的宣教做對比，而不是為教會的宣教提供一個更廣闊的處境。

上帝的宣教，必須按聖經用語來定義。而在聖經裏，上帝告訴我們，祂在世界進行宣教，其焦點是形塑一羣子民，而他們要作屬祂的子民（出十九5）。教會並不是人類的發明或機構，而是反映著和表達出三一的性格（triune character）和上帝救贖的旨意。假如上帝的目的，是拯救一羣人歸祂自己，作屬祂的子民，那麼「我們應該指向上帝而不是祂的教會」就是錯誤的區分了。那是上帝給亞伯拉罕的應許，而應許之實現組成了一個統一的聖經敍事主題。

教會的宣教和宣教機構

想像一幅展示著城市風景的拼圖。每一塊拼圖都很重要，但是任何一塊拼圖本身，都無法令人一窺整幅圖畫的全豹。當你拼好幾塊拼圖，例如拼出幾條街道，你開始約略感覺到整幅圖畫是怎樣的。當所有拼圖都拼合起來，你便會看到整幅圖畫了。教會和宣教也一樣。上帝的智慧藉教會展示出來。每個基督徒都是不可或缺的組成部分，但是每一間教會所能揭示出來的上帝榮耀，都遠比一個基督徒多；而連繫在一起的教會，所能揭示出來的上帝智慧，比起一間教會那國度中的一隅，都更加偉大和更豐富。這樣理解，就能明白宣教是羣體性的工程（communal project），一些福音羣體一同參與其中，透過建立更多教會，拓展耶穌的掌權。

對一些人來説，這似乎是徹頭徹尾的理想主義。一個宣教行政人員所説的話，可替這種心態作總結：「教會做宣教工作的困難在於它根本不可行。」其論點往往是這樣的：本地教會欠缺專門知識和經驗，因此，宣教工作必須交由專業人士代勞——擁有大量資源和龐大同工團隊的大型機構，可以為上帝做大事。結果，本地教會將普世的宣教工作外判給宣教機構和專業人士。

這講法可能有點道理。但是，上帝子民怎麼辦？完全由宣教機構負責福音在世界的發展，就是一切答案的所在嗎？當宣教士於一九四五年被逐出中國大陸時（編按：一般認為，西教士於政權易手後才撤離），很多人都為中國的教會擔心不已；但事實上，教會卻迅速發展起來。家庭教會今天差遣很多人到中國的城市甚至更遙遠的地方宣教。宣教機構在中國再次活躍起來，但對上帝正在作的工來説，本地教會是中心性的。

在一七〇〇年，欽岑多夫（Nicolas Ludwig von Zinzendorf）出生於德列斯登（Dresden；在今天德國東部）一個貴族家庭。他在大學修讀法律，是德列斯登的法院的一分子。但是，當他遇到一個名為戴維（Christian David）的木匠時，他生命的轉捩點出現了。戴維説服了欽岑多夫收留一羣來自莫拉維亞（Moravia；位於今天捷克境內）的受逼迫的基督徒，將他們安置在他的莊園中。這些流亡的基督徒在他的莊園建立了一條新的村落——「主護村」（Hernhut）。然而，不到五年，漸漸成長的羣體出現了嚴重分歧，欽岑多夫於一七二七年接掌了領導的角色。

在欽岑多夫介入後不久，這個羣體經歷了一次明顯的靈性更新，而爭鬥的雙方也得以復和。「主護村」迅速增長，並成為十八世紀基督教更新的主要力量。這次復興的其中一個即時成果，是成立了一個不住禱告的守望團（prayer watch），並且延續了一百年之久。這繼而塑造了莫拉維亞人的其中一個最顯著特徵——他們徹底的委身，並願意付上代價，把基督的好消息帶到世界的遠方。有一次，欽岑多夫到哥本哈根（Copenhagen）參與克里斯蒂安四世（Christian IV）的加冕典禮。在那裏他遇見從遠方而來的人，例如西印度羣島和格陵蘭。當他聽到這些地方的景況，他發覺自己充滿激情，渴望將上帝的話語傳給他們。

在一七三二年，莫拉維亞羣體差遣了一隊人到西印度羣島，並在一七三三年差遣了另一隊人到格陵蘭去。許多年來，莫拉維亞人已差遣了數以百計的宣教士到世界各地，包括北美和南美、北極、非洲和遠東地區。他們的宣教工作是首個大型宣教運動。這個運動的特色，是被差遣出去的人都十分「平凡」。首批宣教士是名為杜伯（Leonard Dober）的陶匠，以及名為聶克文（David Nitschmann）的木匠，他們被差遣到聖多馬（St. Thomas）的加勒比島嶼（Caribbean island）。

使徒保羅認為，本地教會共同關心宣教工作，提供資助、差派同工、殷勤招待與祈禱，支持共同的異象（徒十五39～十六5，二十1～6；林後八1～6；弗六19～22）。他統籌對耶路撒冷的捐獻，以此作為記號，標誌猶太人和外邦人的復和，在基督底下成為同一間教會。個別的教會，可以在一些分歧上展示出上帝的復和；只是，當教會為宣教工作齊心努力，當中展現出來的福音的復和信息，豈不是有力得多？當跨國的團隊為宣教的工作齊心努力，像保羅的使徒團隊那樣工作時，他們就是流動的教會（mobile churches），像往昔一樣。他們千差萬別的文化正是他們的優勢，能更充分說明上帝的本性，以及表達出那幅由祂的恩典而來的多采多姿的拼貼畫。

有一個很好的例子。有一個教會植堂團隊給組成了，為要接觸在大馬士革的六十萬阿爾巴尼亞人；他們幾乎完全沒有接觸過福音，而且當中或許只有二十位基督徒。一所阿爾巴尼亞教會擔當領導的角色，派出同工，並幫助植堂團隊了解當地文化。一所英國教會負責培訓工作和派出同工。一所美國教會負責領袖發展工作。所有教會都獻出禱告和金錢。這些教會並不是普世宣教的「專家」，它們只是「單單」一同工作，但十分有效率；他們工作的時候，是一個擴展性的福音羣體，傳揚福音的話語，為上帝的榮耀，建立新的福音羣體。

一所在俄國的浸信會教會和一所在英國的聖公會教會與當地的基督徒合作，在蒙古開荒植堂。俄國和英國教會負責培訓工作，以及為蒙古宣教士的發展項目籌募經費，又為他們籌措圓頂帳篷（傳統的帳篷）。這個積極的行動吸引了一般的基督徒。譬如，一個已退休的俄羅斯基督徒當起清潔工人來，只為了幫這個項目籌款。

另一個例子，是一間相對年輕的教會，它透過金錢奉獻和定期禱告，支持在意大利的開荒植堂工作。當它的宣教伙伴面對逼迫，它差派其中一個成員前往，以示團結。這是一所平凡的教會，由平凡的人組成：一個女商人、一個獄卒、一個以前用法術的。那間教會在腓立比。它的宣教伙伴就是使徒保羅。保羅鼓勵他們「行事為人與基督的福音相稱」（腓一27）。博慕賀（Markus Bockmuehl）認為，這可以譯作「活得像配得福音的公民」，因為這個讀文「認真地看待公民身分，那是希臘文動詞的原意」。[6]他們不認為自己首先是帝國的公民。他們是「福音的公民」。他們問自己：「福音的公民是怎樣生活的？我們平凡的生活和塵世的決定，可以怎樣表達福音？」最終的結果，將會是福音的身分和生活方式，由此，他們「為所信的福音齊心努力」（一27）。

今天，西方國家的軍事和經濟強權，正在努力對抗國際恐怖分子的威脅。這些恐怖分子由當地的「小組」組成，他們向著共同的願景進發，有很大的自主性，卻分享著共同的價值觀，要擊敗這樣的敵人，實在十分困難。他們有彈性、反應敏銳、善於把握機會、有影響力和高效。他們加起來，對我們世界的影響力，比起組成一個有系統、可識別的組織，發揮著更大的影響力。當我們在世上發動「和平」時，教會也可以、亦應該採納類似的模式，發揮更大的影響力。

註譯

1. Vinoth Ramachandra, *The Recovery of Mission: Beyond the Pluralist Paradigm* (Paternoster, 2002), 224.
2. 見 Tim Chester and Steve Timmis, *The World We All Want* (Authentic Media, 2005)。
3. C. F. Keil and F. Delitzsch, *Commentary on the Old Testament Volume 3: The Pentateuch* (T. & T. Clark, 1870), 2.
4. Leon Morris, *The Epistle to the Romans* (Eerdmans, 1988), 514.
5. David J. Bosch, *Transforming Mission: Paradigm Shifts in Theology of Mission* (Orbis, 1991), 332.
6. Markus Bockmuehl, *The Epistle to the Philippians* (Hendrickson, 1998), 96～97.

7
作門徒與操練
Discipleship and Training

耶穌開展祂的事奉時的首個行動，是宣講上帝的國度即將來到（可一 14～15）；祂的第二個行動是呼召人跟從祂（一 16～20）。首個行動關乎新秩序的來臨，而不是現狀的修正；第二個行動，則演示了這個現實。藉著邀請四個漁夫去跟從祂，耶穌積極開創出這個新時代，因祂組織了一個新羣體。在當時的拉比當中，作門徒（discipleship）甚為普遍；但是，當學生們都傾向主動依附拉比時，耶穌卻主動發出一個命令——這是君王耶穌在召喚跟隨者。每個基督徒都是耶穌的門徒，因為在上帝的國度裏，惟有耶穌有門徒追隨。說基督徒使彼此作門徒（discipling one another）是合宜的，只要我們體認到自己是在描述以下的過程：君王耶穌的門徒在彼此幫助，令大家都成為君王耶穌更好的門徒。

本書第三章論到「傳福音」。我們主張，福音的話語與福音羣體，對於傳福音的過程，兩者都是中心性的。作門徒也一樣。罪人接受福音——福音的話語與福音羣體——的方式，就是使罪人作門徒的方式。我們繼續以基督徒的身分彼此「傳福音」，因這是福音信息的一部分，我們藉此彼此勸勉和彼此鼓勵。賜生命的好消息，乃是轉化生命的好消息，而為罪人體現福音真理的羣體，就是那為了聖徒體現福音真理的羣體。

事實上，耶穌將宣教定義為作門徒的一種過程。在大使命（Great Commission）中，祂確立了普世作門徒的必要性和方式：「天上地下所有的權柄都賜給我了。所以，你們要去，使萬民作我的門徒，奉父、子、聖靈的名給他們施洗。凡我所吩咐你們的，都教訓他們遵守，我就常與你們同在，直到世界的末了。」（太二十八18～20）。使萬民作門徒的方式，就是水禮和教導。

給人施洗，讓人進入福音的羣體

水禮是一個啟始性的行動，是一個「入口」（way in）。這是一個戲劇性的行動，述說著一個故事。它論到向一個舊有的生命、一套舊有的價值觀、一個舊有的羣體，以及一個舊有的身分死去。它也論到向著一個新的生命方式、一套新的價值觀、一個動態的新羣體，以及一個革命性的身分活著。水禮是一個公共性行動，並不是單獨一個人的事情。它是我們經歷三一上帝——父、子與聖靈——那團體性的、共享的生命的方式。我們藉著成為上帝子民的一部分而成為門徒。水禮標誌著我們「生」於上帝的家，這是我「成為」門徒的處境。當我們讀到使徒行傳，看看最初的門徒怎樣實踐大使命，就會發現大使命的含義十分明顯。我們發現，它意味著教會植堂。當門徒回應上帝的命令，為耶穌作見證，他們在安提阿（徒十一 26）、特庇、路司得、以哥念（十四 26）、腓立比（十六 14～40）、帖撒羅尼迦（十七 1～9）、哥林多（十八 1～11）及以弗所（十九 1～10）建立教會。

在上帝的家裏，我可以照顧人，也可以被照顧；愛和被愛；饒恕和被饒恕；斥責和被斥責；鼓勵和被鼓勵。這一切，對作為復活的主耶穌的門徒這一任務來說，都是必不可少的。然而，很多時候，教會並不是造就門徒的處境，甚至連相認陌生親人的場合也不是。經驗還告訴我們，有一種「反比」在發揮作用：羣體愈大，我們的關係就愈流於表面。與其讓教會發展到一個地步，超越了可以維繫有意義的、以生命影響生命的家庭關係，那麼，另一個（也許很重要的）策略，也許就是透過教會植堂來開拓新的會眾。

切斯特頓（G. K. Chesterton）說：「生活在一個小羣體的人，是生活在一個大得多的世界……理由很簡單：在一個大羣體中，我們可以選擇自己的伙伴；在一個小羣體中，我們的伙伴早已為我們預備好。」[1] 羣體，曾被有洞見地定義為「你最不想與之同住的人總是住在那裏的地方」。[2]對此，楊腓力（Philip Yancey）回應説：「我們往往讓我們最想與之同住的人環繞著我們，因此組織俱樂部或派系，而不是組成羣體。任何人都可以組成一個俱樂部；但要有恩典、共享的異象，以及付出努力，才能組成一個羣體。」[3]我們也可以加上：需要一個神蹟，而惟有上帝自己才能做到。但是，正是在這樣的羣體中，門徒才得以被建立。要成為光明的羣體，從中讓基督的光散發出來，我們需要在我們的關係中，刻意愛那不可愛的；饒恕那不可饒恕的；擁抱那令人厭惡的；包容那笨拙的；接納那怪異的。正是在這樣的處境中，罪人得以被轉化為門徒，遵從君王耶穌所吩咐的一切。

教導人福音的話語

嬰孩不只是出生於某個家庭，然後就被留在那裏。在正常的家庭中，他們被養育，並為成年期作好準備。雖然，有很多關於朋輩壓力和傳媒的影響力的討論，但主要影響一個孩子的，是家庭。這是孩子學習價值觀的處境。但是，那樣的教導，大多不是在一個正式的、即如「坐下來四十五分鐘，聽聽母親或父親的話」的處境中發生！它大部分是在生活裏的不同情況下突然發生的。它大部分是在你帶小狗散步或者清洗汽車時的對話中出現的。它大部分是針對一些事件的回應，如有人將事情弄得一團糟、行為不端、錯誤判斷等——所有的行動，某程度上都揭示了我們心裏所想的是甚麼。

有太多時候，人會把以話語為中心等同於以講道為中心（sermon-centred）。人會為講道辯護，主張上帝的話語的中心性，以為話語和講道在基督教的踐行裏是同義詞。它假設了上帝的話語只可以透過講道來教導，又或以為在講道以外，就是混亂無序，就是相對主義，會使滿有屬靈恩賜及上帝話語的教師無立足之地，好像除了透過那四十五分鐘的獨白，他們就無法運用其恩賜，教導上帝的話語。

但我們不是要排拒講道。獨白依然有其重要性，這是其中一種可以並應該有的教導聖經方式。它與其他互補的方法——例如對話和討論——並存。以話語為中心，並不**小於**以講道為中心。我們相信，以話語為中心**不只是**以講道為中心。

事實上，我們今天所理解的講道，很少新約聖經證據支持。耶穌主要是透過對話、講論和故事作教導。祂不時在會堂裏作教導，但更多時候，祂是在家裏、在路上，以及在公眾場所教導人。所謂「登山寶訓」，很可能是一整天的教導的總結，而當中留下來的蛛絲馬迹，讓我們窺見當中的互動本質。使徒行傳的講章，有很大部分都是沒有預備過的辯護演説。它們並不是在星期天早上的講壇上發表的，而是在法庭或是在羣眾前發表的。當保羅在星期天對一羣基督徒（而猶推古睡著了！）講話時，用來形容他的教導的字詞，是「講論」（dialogue；

徒二十7)。一般譯作「傳講」(preach)的字詞,意指向非信徒傳講福音,涵蓋任何話語上的溝通,包括討論、對話或辯論。它事實上表達出我們今天所說「傳福音」的意思,而不是指在講壇上發表四十五分鐘獨白。在歷史上,就是在君士坦丁「歸信」後,以及獲帝國支持的基督教把大量有名無實的基督徒帶入教會之後,方才出現獨白形式的講道。結果,一羣真正的基督跟隨者,不可能再與聖經老師討論上帝的話語了。

耶穌透過對話與提問作教導,並不教人驚訝。由IBM和英國郵政總局進行的研究顯示,單單藉著聆聽來學習的人,三個月後只會保留他們學習所得的百分之十;而藉著聆聽、示範和經歷學習的人,則能保留所學的百分之六十五。即是說,在講道中經歷到良好學習果效的人,只有講道者!

> 成人有經驗,並可以互相幫助學習。鼓勵分享那些經驗,你的教學就會變得更有果效……因此,成人需要把學習連於他們的經驗……在一個可以主動參與的學習環境下,成人是學習得最好的……因此,成人需要參與的機會……當訓練的處境與他們本身的職責或工作相關時,成人就學習得最好。最好以「真實世界模式」(real-world approach)來教導成人……因此,學習需要與真實的問題相關。[4]

話語的事奉以多種方式進行，而不只是在星期天早上的四十五分鐘裏。它透過查經小組進行；透過兩個人相聚去研讀聖經時進行；透過以話語指導人時進行。在我們的經驗裏，品格形塑和使人作門徒，大部分都是透過非正式和即興的對話進行的。這種話語的事奉，需要關係、時間和福音的意圖（gospel intentionality）。

但是，以話語為中心，並不單是你怎樣教導人和使人作門徒，它意味著以上帝的話語來指導教會生活。它意味著，每個決定，不論是正式的還是非正式的，都要明確以上帝的話語為依歸。我們問，而且要不斷地問，上帝的話語，對我們所要面對的議題和難題，究竟有何話說。

雅各說：「只是你們要行道，不要單單聽道，自己欺哄自己。」（雅一22）我們必不可單單聽道，也必須將道踐行出來。教會充滿了喜歡聽道的人；但是，講道在上帝的眼中算不得甚麼。我們會按著教會有沒有好的教導，而對教會作出評價；但是，雅各卻說好的教導算不得甚麼。重要的，是**踐行**那話語；重要的，是那教導所帶來的生命改變。我們萬萬不可將好的教導當作目的本身。我們的目標，必須是好好學習和好好踐行。對於評價我們究竟有多「以話語為中心」，這是一種截然不同的評價方式。

以話語為中心，意味著上帝的話語比傳統和先例更為優先。很多聲稱以話語為中心的教會，其實是以傳統為中心。我不時會問人，他們在過去幾年，如何改變他們自己的觀念？當人想不出答案，就說明這有問題了。除非有人在很久以前已經對聖經有一完全和完整的理解，否則，這就暗示了人不再活在上帝的話語之下，沒有讓上帝的話語挑戰他們自己的想法和做法。

「沿路教導」

作門徒的這種生活處境以及話語內容，反映了以色列人信仰總綱的背景：「以色列啊，你要聽！耶和華──我們上帝是獨一的主。你要盡心、盡性、盡力愛耶和華──你的上帝。」（申六4～5）以色列作為子民的身分，繫於耶和華對他們所說的「話語」。在西奈山上，是上帝的話語使他們成為祂的子民（申五4；來十二19）。亞當（Peter Adam）說：「申命記神學的基本結構是上帝的說話……『以色列啊，你要聽』這命令，是申命記的特色……接著，是教訓他們去記念、教導、討論、默想與踐行上帝的話語。」[5]這創造了一種「話語的靈性」（verbal spirituality），而惟一的回應是「以完全的委身、以你全人、完全滿溢地愛主你的上帝」！[6]對於作門徒的踐行來說，重要的，乃是申命記之後為這個崇高的神學以及無所不包的委身奠定基礎的方式：「我今日所吩咐你的話都要記在心上，也要殷勤教訓你的兒女。無論你坐在家裏，行在路上，躺下，起來，都要談論。」（申六6～7）這真理及其回應，是給所有人的，而教導它們的途徑則是在日常的生活裏。萊特說：「律法，要成為平凡生活中的平凡家庭裏那平凡對話中的主題，從早餐到睡覺的時候。」[7]

這並不是要貶低——作為教會——要有正式教導時間的重要性，而是要強調，我們需要將教導帶離講壇，並把它融入生活。就如律法定義了以色列的身分和塑造其生命一樣，上帝的話語定義了我們作為教會的身分。而那個定義的過程，則在每天的生活和關係中發生。福音的話語，對一個正式的聚會而言，應該是中心性的；但我們身為上帝的子民所做的一切事，以及我們如何與世界相關連，當中福音的話語必須佔核心的位置。

在申命記六章裏的「沿路教導」（teaching along the road），也見於耶穌的事奉。祂遇到患病的人時、回答問題時、與人同吃喝時、沿路行走時，一直在作教導。馬可福音九至十章詳細解釋了成為耶穌的門徒是甚麼意思。所有這些教導，都是沿路發生的。這是上耶路撒冷的路，是向著十字架的路。那亦映照在祂的教導上——要成為門徒，就如耶穌所不斷提醒十二門徒的，就是跟隨十字架的道路。

我們出外散步、駕車或洗碗碟時，應該彼此教導聖經。人不應該只在對羅馬書五章的解釋中，學習到稱義的真理；當他們看見我們安歇於基督已竟之工上，而不是焦慮地嘗試稱自己為義，這時，他們亦應該學習到這真理。他們不應該只在聆聽羅馬書八章的講論時，理解到基督徒盼望的本質；當他們看見我們於等候得榮耀的日子之時，為苦難歎息，這時，他們亦應該能理解到這一點。他們不應該只從一系列關於以賽亞書的講道中，明白到上帝的全權；也應在看見我們以「純全的喜樂」回應試煉時，明白到這一點！我們在自身的處境中發現，大部分的學習和訓練之所以發生，並不是透過有系統的教導或訓練課程，而是透過意料之外的對話：談論生命、談論事奉，以及談論難題。

讓我們大膽地宣稱：真理不能在密切的關係以外被有效教導，原因是真理主要並不是形式上的，而是動態的。當我們看見福音在每天都亂糟糟的磨擦之中轉化生命，福音的真理就更令人信服了。亞當斯（Jay Adams）說：「一個整全的人（a whole person），可以在所有層面上影響所有人（whole persons）；那是訓練人作門徒的目標……這全都涉及委身於上帝。因此，體現於生命中的真理才是目標。要達到這個目標，只有一個可行的方法，也是聖經的方法——作門徒。所有人必須教導所有人；道（Word）必須成為肉身。」[8]

就在今天，你可以簡單地這樣開始：告訴人你與上帝的關係，或是自己在罪中的掙扎。告訴他們上帝怎樣鼓勵你、回應你的祈禱、透過聖經對你說話，並給你機會分享福音或服事其他基督徒。接著，問一問他們關於與上帝同行的問題。試養成「沿路」一同討論這些事情的習慣。

名字：路得

職業：全職母親

教會：拉夫堡的會眾之家

在路得（Ruth）的眼裏，「會眾之家」開始在拉夫堡（Loughborough）扎根的標記，就是在會眾當中，有四對夫婦如今已在這個地區擁有房屋。他們並不是追逐擁有物業這「終極」夢想，而是如路得所觀察到的，一切終於安定下來。這些家庭身處孟加拉人和穆斯林聚居的市鎮中，鎮內很多人還是福音未得之民，倘若他們要在這裏扎根，長遠的福音事工顯得尤為重要。

路得——一個有兩個學前孩子的母親——與她身為教會領袖的丈夫莊尼（Jonny）同工，忙得不可開交，但是她並不想停下來。她說：「當莊尼和我搬到拉夫堡時，是為了在當地校園幫助學生基督徒聯會。」「我們很快就發現，周遭的教會無法滿足學生的需要」。路得相信，正是這一點，促使她和莊尼開始重新思想教會是甚麼。

路得開始與一些年輕的女學生舉行小型查經小組。他們的房子，很快就變得好像一間校園咖啡店，學生亦融入了路得的家庭。她說：

「我們嘗試讓年輕的學生看看我們的生活是怎樣的，並向他們示範基督徒的生活方式。」「我們如今所做的很多事情，都頗為隨意，卻又是刻意的」。

路得和另一個領袖的妻子甚至正式成立了一門小型的工藝生意；這門生意，除了能幫補生計，亦讓她們有機會認識學生，並給學生提供一些實際的技能，例如烹飪。那麼，再加上一些年幼的孩子，又會帶來甚麼壓力呢？她作結論說：「有孩子並沒有帶來太多轉變。」「而且，在羣體建立的過程中，我們也得到很多支持。」

對路得來說，當地的羣體是一個長期的工程，而她下一步，就是要鞏固她們與孟加拉鄰居的關係。「大部分人會看看我們的房子，並認為這是一個過渡性的房子，」她笑著說。「它並不算是一個令人想留下來的地方，但就我個人而言，我們會永遠待在這裏！」

「沿路操練」

同樣的原則，適用於訓練人擔當領袖角色。除了「沿路教導」之外，我們也需要「沿路操練」(training along

the road）。我們並非反對神學院，但是我們需要一個大的轉變——從於神學院住宿的隔離式操練，轉為在事奉的處境中當學徒。這是耶穌訓練人的方式，也是保羅訓練人的方式。在學院裏住宿，由學院定下議程；在職培訓（on-the-job training），則由事奉和宣教定下議程。

學院式的訓練適合某種類型的人，而這些人又形成了某種看法，從而又定義了作為教會領袖是甚麼意思。今天，大部分教會領袖都是中產的畢業生，他們在學院受訓，他們憑著一個學位取得事奉的資格。可是，第一批使徒卻來自很不同的社會背景，他們大部分都沒有接受過教育。他們接受訓練的方式是跟隨耶穌，憑著認識耶穌而取得事奉的資格。當猶太領袖「見彼得、約翰的膽量，又看出他們原是沒有學問的小民，就希奇，認明他們是跟過耶穌的」（徒四13）。我們的教會之所以中產，並且無法接觸工人階級，其中一個原因，是因為我們有中產的領袖。而我們之所以有中產的領袖，是源於我們期望領導（leadership）是中產的，也源於我們的訓練方式是中產式的。事實上，工人階級要進入領導層，只能透過晉身中產階級。

保羅接受過最高等的教育（徒二十二3）。受過高深教育並不是壞事，但是，他所描繪的基督徒領袖質素，卻不是技能掛帥，而是以品格掛帥的。提摩太前書三章和提多書一章的焦點都是領袖的品格：他們的敬虔、他們的成熟、他們的榜樣。惟一需要的技能是有教導能力——而那不一定是指講四十五分鐘的道。這技能是指有能力在教會生活和教會成員的生活中，應用上帝的話語。

當我年輕時，我曾經約略領會過師徒制（mentoring）的好處，以致我在事奉初期，就已經決定要給年輕人機會，讓他們與我同工。我的目的是希望看見生命因福音改變，此外就是要裝備人參與福音事奉。過程中，關係（relationship）總是不可或缺的組成部分。這些年輕人不單替我工作，他們也與我一起工作。他們親身見證了我在公眾場合怎樣待人處事，也知道我怎樣對待我的家人。這是生命接觸生命（life-to-life）：密切、親密與需索。但是，除非人看見有人活出門徒的身分，不然，又怎能真正明白成為門徒到底意味著甚麼？除非他們見證到恩典的大能如何使用滿有瑕疵的人，不然，他們怎能知悉對恩典的需要呢？我得承認，我對任何未達到這種坦白程度和關係深度的領袖培訓進路，心存懷疑。當然，有很多資料是可以傳授的，有很多技巧是可以學習的，有很多技能也是可以學懂的；但缺乏關係性的向度，就總無法使人真正作門徒。

從教會紀律到教會使人作門徒

本地教會是一個處境，在當中我們可以忠心遵守君王的吩咐，並藉此展示祂恩惠的管治。某程度上，教會是伊甸園。這是上帝的園子，在當中我們找到我們生命和敬虔所需的一切。這裏是上帝的國度被賜下、被期待與被展示的地方。這裏也是墮落的影響被逆轉的地方，藉著恩典，我們再次成為上帝的愛人，也成為其他人的愛人。這是上帝為了我們作門徒和成長所定的舞台。

但是，我們都知道，事實並不總是那樣！我們的生活——個體性的和團體性的——有太多時候，與那些不認識上帝恩典的人並沒有兩樣。耶穌吩咐祂的門徒要去，使萬民作門徒，凡祂所吩咐的，都教訓他們遵守。對此，我們未能好好回應，並不是因為耶穌的命令難以理解；在解釋的過程中，最大的阻礙就是罪！這正是為甚麼作門徒如此重要。成為基督徒，我便是一個門徒；但這是一個身分，而不是一個事件。我並不會停止成為一個門徒，而我也永不會去到一個地步，不再需要藉著福音的話語在福音羣體裏每天學作門徒。

我曾經參與少數類似的情境。教會認為有必要執行紀律，將會友驅逐出教會，因他們堅持拒絕回轉。每一次，這些會友都是公然犯下不道德的罪，並且不願悔改。所有人都認為那些行為是錯誤的。教會謹慎地按著馬太福音十八章的指引而行，不單按著字面的意思，也忠於指引的精意。所有有分參與的人都清楚表示，他們是希望挽回犯事的人。然而，我從未知悉這個執行紀律的過程，能達到這個目標。為何不？別忘了教會紀律是按著聖經的教導而行的，所以期望它有效也是合理的。

我不會假裝擁有所有答案，但我猜想，一個重要的因素是耶穌在馬太福音十八章和保羅在哥林多前書五章所預見的教會紀律，乃是指向一個過程的終結。我們真正的失敗之處，發生在朝向這終結的過程中。由這種領導方式建立起來的文化，並不是一個相互規訓（mutual discipline）和相互關顧的文化。任何有家庭的人都會知道，家長愈有能力營造一個關懷和管教並重的環境，就愈有能力處理嚴峻的孩子紀律問題。教會紀律，需要成為日常生活的現實——於其中斥責和勸勉是正常不過的事。沒有這些，任何形式的對質（confrontation）都會觸發危機。

我們需要一個日復日相互作門徒的文化（daily and mutual discipleship）。架構和活動無法創造這種文化，它需要生命的分享和福音的意圖。我們要接受，上帝的主權是延伸到我們生活的每個範疇上的。這意味著沒有甚麼平淡無奇的行動，是於福音的範圍以外。我們不可以滿足於一個消極的道德觀（不要醉酒、不要説髒話）；我們需要為彼此的敬虔，承擔責任——不單在行為的層面上，也在態度上以及隱藏在背後的拜偶像心態上。保羅鼓勵以弗所的基督徒要彼此「用愛心説誠實話」（弗四15），這意味著，我們體認到那些表面上毫無意義的時刻，其實是充滿意義的。

舉例來説，發怨言幾乎是所有人都喜歡的玩意兒，是大家談話的一大特色。我們會為任何事情和所有事情發怨言。但是，基督徒被召，以不發怨言而顯在這世代之中（腓二 14～15）。因此，當我發怨言時，我需要上帝的子民溫柔地斥責我，並提醒我基督裏上帝的恩典。我需要他們鼓勵，鼓勵我活出感恩的生命，以致我可以「常常喜樂」（四 4）。我們憑著愛心和溫柔如此行，體認到我們全都是藉著恩典被救贖的罪人；也察覺到轉化乃是上帝的作為，而轉化之工，是上帝以同樣的恩典成全的。

牧羊人，他們也是羊

領袖務要視自己為教會的一分子；在別人眼中，領袖也要是教會的一分子。專業主義往往是真正的福音領導（gospel leadership）的敵人。領袖不是一個特殊的階層，要將自己分別出來，面對沉重的責任和被迫忍受孤獨。領袖不可抽離於羣體，他們必須成為可見的信徒（visible believers），在信徒羣體中公開地活出他們的生命。當耶穌將祂那時候的宗教領袖，與在國度裏的領袖兩者的領導風格做對比時，祂這樣看：

> 但你們不要受拉比的稱呼，因為只有一位是你們的夫子；你們都是弟兄。也不要稱呼地上的

> 人為父，因為只有一位是你們的父，就是在天上的父。也不要受師尊的稱呼，因為只有一位是你們的師尊，就是基督。你們中間誰為大，誰就要作你們的用人。凡自高的，必降為卑；自卑的，必升為高。（太二十三 8～12）

上帝羣羊的牧羊人，他們首先是羊！這是多麼令人感到安慰和有挑戰性的發現。在羅馬書十二章，領導是上帝給予教會的重要恩賜，但那只是其中一種恩賜而已（羅十二 8）。

這種做法的其中一個極大好處，就是它「廢除」了平信徒這種角色。在上帝子民當中，他們的惟一區別是按功能、而不是按地位來決定的。假如我的角色是在本地教會裏擔任領袖，那麼，我就是用自己的恩賜去服事上帝子民的福音牧者（gospel minister）。但無論我的角色是甚麼，我仍是一個以自己的恩賜去服事上帝子民的福音牧者。領袖並不是一個「特殊」的身分：他是眾多福音的僕人當中的一個福音的僕人，是他弟兄姊妹當中的一個弟兄。

這個模式也廢除了聖職人員！我有很多「牧者」朋友論及教會時，都視教會為他們要尋找慰藉之所在。他們會「保護」他們的休息日，並捍衛他們一家的私隱。他們在事奉上感到孤獨，要在本地教會之外尋找牧養他們的人，並尋找使他們重新得力的活動。但對我來說，教會是我得著慰藉的地方。基督徒羣體透過上帝的話語牧養我，並使我重新得力。有人對我們這樣說：「假如我說，我需要每星期有一天休假，離開我的妻子和孩子，大家就會認為我的婚姻有問題。那麼，假如我說我需要離開教會一天，為甚麼大家不會問：我的教會大家庭是否有問題？」

有人向我哀歎道：在自己的教會組織當中，有好些會眾根本沒有「牧者」。「作領袖的年輕人在哪裏？」他們問。當我反思他這個由衷而發的問題時，我想起那些與我們同工、十分優秀的年輕人，他們願意犧牲、委身於福音事奉，我年輕時也沒有他們那麼成熟。年輕人就在那裏，但是他們並不想成為「那一位牧者」，期望自己無所不能，憑自己作帶領。

一個令我們忍俊不禁的問題是：我們在「會眾之家」有多少同工？答案是一個也沒有。但是，在每一羣會眾中，都有一隊人委身於福音事奉和教會植堂。大部分人都有全職的世俗工作。有些人則選擇每星期工作三到四天，抽時間在工作間以外建立福音關係。只有兩、三個人受資助，好讓他們專注特定的事工。就某種意義來說，他們全都是同工，雖然沒有一人是受薪的。當我們聚會時，大家的經濟狀況，並不會影響他們的權威和地位。無論他們是「全職」、「半職」或有世俗的職業，都是不相干的。事實上，在世俗社會裏的參與，會豐富一個人的事奉，給予他們在世生活的日常體驗，以及在工作間傳福音的機會。戴夫（Dave）有一年沒有帶領會眾。最初要求他去找一份半職工作時，他感到很失望。他並不認為那會比「全職」事奉好。但是，事後回想，他承認這有很多好處：世俗工作間的經驗、與非信徒接觸、自律。有時候，人會感到疲於奔命；但是，當我們有一個團隊，事奉就不會單單落在一、兩個人身上。我們也嘗試維繫一種文化，在其中，人不會被期望去做過於自己所能承擔的事。我們投身基督徒服事的當兒，也彼此提醒，是耶穌去建立祂的教會，是祂使祂的子民得稱為義。

我們並不一定會做得對，但這是我們所追求的事奉哲學。假如我們要透過教會植堂去接觸國民，那麼就需要以更富彈性及更具創意的方式，在財政上支持福音工作。

註釋

1. Gilbert K. Chesterton, *Heretics* (Public domain), 59.
2. Henri Nouwen, 引於 Philip Yancey, "Keep it in the Family," *The Briefing* No. 195 (February 1997), 10。
3. Yancey, "Keep it in the Family," 10.
4. 引自 J. Pretty, I. Guijt, I. Soones and J. Thompson, *Participatory Learning and Action* (IIED, 1995), 1。
5. Peter Adam, *Hearing God's Words* (Apollos, 2004), 53.
6. Christopher J. H. Wright, *Deuteronomy* (Hendrickson, 1996), 99.

7. Wright, *Deuteronomy*, 100.
8. Jay Adams, *A Theology of Christian Counseling* (Zondervan, 1979), 89～91.

8
牧養關顧[1]
Pastoral Care

這是關乎「接下來會發生甚麼事？」的其中一個情境。

莎拉（Sarah）掙扎著給伊恩（Ian）和珍娜（Jayne）清楚解釋問題。她肯定他們應該知道問題所在，卻不知道該如何著手。沉默的氣氛開始叫人感到不自在，於是她深深吸了一口氣，開始訴說自己的故事。珍娜關切地看著伊恩，目光中洋溢著關切之情。伊恩突然意識到他有很多東西都不知道。他只有幾年的牧養事奉經驗，這似乎是他無法掌握的。

莎拉告訴他們，她是個慣性自殘者（self-harmer），雖然她才二十多歲，她已經習以為常。她向他們展示自己手臂上的一些傷痕。看到這些傷痕，珍娜不禁皺起眉頭。這些傷痕從何而來？這又代表著甚麼呢？伊恩若夠誠實，他當明白自己最大的困難是理解力的問題：他根本不懂她為甚麼會這樣做。莎拉令他感到挫敗，同時他又對她生了關切保護之情；這模稜兩可的感覺，令他大感困惑。珍娜挨過去摟著這個坐在他們客廳的苦惱的年輕女子，而伊恩則開始默默祈禱。

那麼接下來會發生甚麼事？有兩個可能的情境：

1. 祈禱之後，伊恩告訴莎拉，若他嘗試處理，那是不負責任的。他承認這件事超過了他的知識和他的經驗。他樂意為她找一個心理學家。當然，他和珍娜都很樂意與莎拉同去，而無論她甚麼時候需要他們，他們也必定會支持她。但是，尋求專家幫助似乎更加明智。

2. 伊恩坦白告訴莎拉他的反應，以及他感到的那種強烈的無力感。然而，他確信這是莎拉度過這難關的最好地方——不是在他們的客廳，而是在教會裏！她在愛她的人當中，而他們可以一同依靠上帝話語的供應和大能。他知道這並不是件容易的事，並沒有任何魔法可以一下子將問題解決掉。但是，似乎沒有比這更好的切入點了——上帝的靈在祂子民當中巧妙地用祂的話語感動眾人。

每個參與牧養關顧的人都要面對的其中一個重大問題，就是當代西方社會中輔導工作的爆炸性增長。一種治療文化（therapy culture）正在長足發展。在本地教會裏，尋求生活問題指引的人，愈來愈多；在情緒問題上尋求幫助的人，也愈來愈多。有時，類似莎拉的個案中的那些情緒問題，情況尤其嚴重。

根據肯特大學（University of Kent）社會學教授富里迪（Frank Furedi）的見解，這個治療文化的問題，在於它把治療變成一種生活方式。[2]這種文化鼓勵人將自己視為受害者，在父母、雇主的手中，在懷孕的過程中，以及在很多別的情況中受苦。一個信念系統出現了，它的信條是人無法「靠自己」處理這些問題。富里迪認為，對個人來說，治療文化是有害的；對公眾健康，它也是一大威脅。他又提出，只要人仍然被鼓勵去尋求專業輔導，以幫助他們處理所有問題——從處理不愉快的遭遇到養兒育女的問題——人就會因而變得不情願在日常的一般關係中彼此依靠。關係也愈來愈「專業化」。

前國際足球明星加斯居尼（Paul Gascoigne），在他與治療師一起撰寫的文字中，坦白記述了自己的生命經歷，當中披露了被「確診」的好些心理狀態，包括強迫症（Obsessive Compulsive Disorder, OCD）。[3]加斯居尼説：「我的強迫症超出指標。我會關掉家裏的燈，在漆黑中行走，以致我不用擔心要關燈和檢查它們是否關好。接著，我會想要一杯酒或一顆止痛藥，使我安定下來。人們不明白為甚麼你不能停止〔喝酒〕，但是我的腦海裏總有一把聲音説：『再喝一杯，再喝一杯』。」[4]對加斯居尼和他的治療師來説，似乎「那把聲音」是個犯罪者，而加斯居尼是受害人。但是，這種看法如何幫助一個明顯有這種需要的人？就在似乎是絕望之際，加斯居尼翻開了他的聖經，並向上帝呼求。但是，危險的是，上帝已被既有的世界觀同化，因而只變成另一種治療方式。

我們這本書呼籲人向福音的話語和福音羣體雙重效忠。我們的信念是，論到牧養關顧，福音的話語和福音的羣體不會令我們失望！這兩者給我們提供了一個安全的框架，讓我們藉此可以處理牧養的議題。

充足的福音話語

秉持這樣的信念，是否幼稚和不負責任？——相信聖經不單單能準確及充分地分析人類的狀況，亦能有效回應或好好「處理」這課題。很多人認為是這樣，因此在聖經教導和牧養輔導的事工之間，形成了一種二分。前者是留給「牧者」的工作，而後者則是在更廣泛的羣體中，具認可資格的人（從世俗的角度來看）可以做的工作。伊恩在第一個情境的回應反映了這個心態，而很多人亦會認為那是對莎拉的痛苦問題的一種謙卑、有智慧和體貼的回應。但是否真的如此？

佔歷史上福音派核心位置的，乃是委身於聖經，並視之為「關乎信心和行為的一切的最終權威」。這個認信可總括為「聖經的充足性」（sufficiency of Scripture），而這正是爭論的中心點。

有一種觀點認為，上帝賜給我們兩本書，讓我們認識世界；這兩本書是：聖經和大自然。人類雖然是按著上帝的形象受造，是獨特的，但人類也是大自然的一部分。這意味著我們與其他動物和其餘的受造物一樣，可以被研究和分析。聖經的世界觀為我們提供了科學探究的基礎。結果，從事「科學化輔導」（scientific counselling），使用心理學和精神病學的服務和資源，是合理的和值得讚揚的。實際上，不這樣做就是不明智和不負責任了。

另一種觀點則視聖經為獨一無二的，並以其與眾不同的方式定義我們——作為人類之所是。這個立場認為，上帝已揭示了我們所要知道的一切，也就是怎樣生活以取悅祂和榮耀祂。聖經對應著我們世上生活所經歷到的一切問題。聖經的真理，不局限於狹隘的生活領域，也不局限於信念或理念。它針對所有基本和重要的問題，即在我們的罪惡和我們的救恩中，人類之所是，究竟意味著甚麼。在彼得後書一章 3 至 4 節，使徒說：

> 上帝的神能已將一切關乎生命和虔敬的事賜給我們，皆因我們認識那用自己榮耀和美德召我們的主。因此，他已將又寶貴又極大的應許賜給我們，叫我們既脱離世上從情慾來的敗壞，就得與上帝的性情有分。

有些不同尋常和幾乎不可思議的事情發生在基督徒身上：我們「有分於上帝的本性」。加爾文說：「福音的目的〔是〕使我們終要像上帝；又或者，事實上這是一種神化(deification)的過程」。[5]彼得將這個福音形容為上帝「又寶貴又極大的應許」。這些應許是使人轉化的途徑。上帝已經透過祂自己的榮耀和美德呼召我們去認識基督。那個呼召藉著福音來到我們這裏，而在福音裏，那種對基督的知識，是屬於我們的。在福音以外，不能認識基督。拯救我們的基督，是我們在聖經中「遇見」的基督。在我們與福音話語中之基督的這一相遇中——那是具轉化能力的相遇(transforming encounter)、並由此我們得以真正認識上帝——聖靈將釘十字架的基督的好消息告訴我們，打動我們，改變我們的心思意念，使我們得著救恩。因此，彼得可以說，我們已得到「一切關乎生命和虔敬的事」。好好地活出生命的資源——意即我們要活得好像上帝及其他人的愛人般(the lovers)，而這是我們被造之所是——乃來自我們沉浸在上帝活潑的話語之中。「單單是成為基督徒，我們就能得著我們所需的一切，以活出一個討上帝喜悅的生命」。[6]這就是聖經的充足性的教義；而當我們彼此闡明福音的話語時，這也是我們牧養關顧的信心來源。

然而，有些人會批評這觀點是化約主義的（reductionistic），他們宣稱在「真實」世界中的牧養關顧，定必要更加老練、細膩和更有智慧。一位學術界的心理學家，在一封私函中這樣說：「在心理健康的世界中，最受人尊重和最有經驗的專家，都採納了這個觀念：各種難題，就病原學（aetiology；患病的根源）而言，總是複雜的；那往往是生物學、心理學、社會學，以及，是的，還有靈性的因素之間細緻互動的結果；但是，病原學一定不會單單局限在其中一個領域。」

神學家兼精神病學家溫特（Richard Winter）在其有關抑鬱症的研究中，引述了一個由各種成因引起的複雜互動關係。而其中一個重要成因，是生離死別。他以聖詩作者古柏（William Cowper）為例。古柏的母親在他只有六歲時離世，他所有的安全感都來自她。當母親離世時，他整個生命好像頓時粉碎了。「他從來沒有真真正正從失去至親中復原過來，在他童年的快樂歲月中，他的母親就好像一位『無所不能的女神』⋯⋯由於與父親缺乏親密的關係，母親死後不久他就被送到寄宿學校，古柏的哀傷因而大大增加。」[7]

我們從這個分析得出甚麼呢？對一個六歲的孩子來說，失去母親，必定是很難過的了；而在不久之後，又被送到寄宿學校，更是非常殘忍的一件事。這些明顯都是重要的成因。而且，我們不知道，舉例來説，古柏腦袋裏的化學反應和藥物對他有甚麼幫助。但是，這些事件，是否足以解釋古柏為甚麼畢生與抑鬱症搏鬥？古柏患上抑鬱症，是因為他的境遇，還是他的化學反應？我們也不知道在他的生命和經歷中，哪些是首要的，哪些是次要的。但是，難道問這樣的問題也是不合理的嗎？——他是否已經與上帝所有子民一起，藉著認識那位用自己榮耀和美德召他的主，而得到了關乎生命和敬虔所需的一切。難道我們可以説，福音的話語，幾乎沒甚麼要對古柏説的了？又或者福音的話語，對類似莎拉的人，幾乎沒甚麼要説的了？

無論古柏掙扎的原因多麼複雜，在基督裏他是有資源虔敬地作出回應的。假如我們採納一個觀念——要我們「複雜的病原學」為我們的行為和態度負責，那麼我們就是把生命交給我們的基因、我們的父母、我們的化學反應，或者我們的過去，任它們擺佈。最終，我們會讓上述種種因素掌管我們的生命。當然，它們可以是重要的因素，但是我們在福音那寶貴的應許中，已得到了我們以虔敬的行為和虔敬的態度去回應那些因素所需的一切。這樣的回應，不一定是容易的，可能每天都有掙扎。但是，這是有可能做到的。

聽聽十八世紀美國偉大的神學家愛德華滋（Jonathan Edwards）的話，當他論到上帝的話語如何向類似古柏和莎拉的生命說話：

> 愛上帝，使人在一切事上都看見祂的手，視祂為世界的管治者以及一切的引導者，以及承認祂有能力處理所有發生的事情。而事實上，關於所有發生在我們身上的事，上帝的手比人的處理方式重要得多，也應該引導我們不要看事情是從人而來，而要尊之為主要是從神而來——就如祂的愛和智慧所命令的，即使它們直接來自同胞的惡意或漠視。而假如我們真的視之為以及認為它們是從上帝的手而來，那麼，我們應該謙卑地領受和安靜地順從之，並接受從人而來的最大傷害，是上帝公正的、甚至是仁慈的命令，並因而遠離由它們導致的任何憤怒或思緒上的混亂。[8]

古柏需要聽到和相信的，豈不是福音的真理嗎？這豈不正正是當莎拉開始處理她的過去和她的煩惱時，該向她溫柔地講述的真理嗎？這肯定是我需要聽到和相信的。

我盼望，舉例說，有人會在幾年前告訴我這些真理。一個好友突然與我「反目」，並指控我沒有好好地當他的朋友和師傅，並因此盡量拉遠我們之間的距離。我實在難以形容自己的感受。那肯定是我生命中最黑暗的日子。我無法工作，我食慾不振，我的作息時間大受影響。任何事物都無法令我開心。我受傷了。我感到被不公義地指控。我感到被誤解、被孤立、被離棄與被背叛。過後回望，最能貼切形容我當時情況的，似乎是抑鬱症。

在那段黑暗的日子，我需要聽到愛德華滋寫就的真理，那非常有說服力。「接受從人而來的最大傷害，是上帝公正的、甚至是仁慈的命令」，這是多麼榮耀的真理啊！我或許無法理解上帝對待我的方式，因為祂往往是無法測透的；但是，十字架向我保證，祂是美善的，而祂的恩典夠我用，那實在奇妙。

我也需要檢視自己的內心和自義（self-righteousness）。在我生命的那段日子，我需要看見那些被揭露出來的偶象，尤其是一切偶像之王——我自己！我感到在生命的那個特別時刻，宣稱無法愛上帝和拒絕愛其他人是合理的。但之後，我見到的是，在那段混亂和痛苦的日子裏，自己是背叛自己的最大罪人，也因此離開了上帝和其他人。當然，某程度上我是受害者，但我也有分傷害人。我是犯了最大罪的人：我嘗試成為我自己的救主。

化學因素有參與其中嗎？有可能。我經歷了前所未有、之後也未有過的情緒起伏。有其他因素嗎？這發生在一段特別艱難的時間之後，那時我的情感完全耗盡。我的朋友告訴我這件事的那一天，我正因著眼疾去醫院求醫——那疼痛萬分的眼疾是與壓力有關的，而當時我身體「虛脱」了。

但是，就我的處境而言，無論這些因素扮演著甚麼角色，它們都不是導致我有這些反應的原因。它們只是我之所以有這些反應的境遇罷了。我有機會去證明上帝是可信的，有機會尋求祂的蔭庇，並有機會展示福音的大能——讓我愛那些不愛我的人。「在耶穌裏面的真理」，可以並應該裝備我，使我知道保羅所知道的：

> 我們四面受敵，卻不被困住；心裏作難，卻不至失望；遭逼迫，卻不被丟棄；打倒了，卻不至死亡。身上常帶著耶穌的死，使耶穌的生也顯明在我們身上。因為我們這活著的人是常為耶穌被交於死地，使耶穌的生在我們這必死的身上顯明出來。這樣看來，死是在我們身上發動，生卻在你們身上發動……所以，我們不喪膽。外體雖然毀壞，內心卻一天新似一天。我們這至暫至輕的苦楚，要為我們成就極重無比、永遠的榮耀。原來我們不是顧念所見的，乃是顧念所不見的；因為所見的是暫時的，所不見的是永遠的。（林後四 8～18）

這個牧養關顧的進路，給我們哪些另類選擇？我們的角色，是同情癌症患者、抑鬱症患者、被拒絕的人、失業的人、厭食症患者、失德或傷殘人士嗎？我們當然要這樣做！「與哀哭的人同哭」並不是一種要學習的牧養技巧；當聖靈使我們變得更像基督，「與哀哭的人同哭」是一種發自內心的回應。然而，在上帝子民中間，他們蒙召要做更多和更大的事。所有那些境遇，都是我們在墮落世界中生活的結果；就如彼得提醒我們，在墮落的世界裏，我們藉著認識上帝，擁有生命和虔敬所需的一切。莎拉肯定有「問題」需要向別人傾訴，而她慣性自殘的行徑，也應該令我們感到哀痛。但是，莎拉需要的，不單單是伊恩和珍娜的同情；她需要的，是在上帝充足的話語裏，他倆可以給她更多東西。

「靈性」一詞，不單純是生物、物理、環境、養兒育女或關係這種種範疇以外的另一個範疇。每種形式的受苦——無論是被動的還是主動的——在某種情況下，總是屬於靈性和神學的問題。福音給我的盼望，其中一部分是讓我明白，我有一個上帝所給定的責任，以及對應的一個上帝所給定的回應能力——以一種尊榮祂作為我全豐十足的救主的方式來回應。

在基督和在福音的話語裏，有一種澄明。祂「活潑」和「有功效」的話語，「甚至魂與靈，骨節與骨髓，都能刺入、剖開，連心中的思念和主意都能辨明」（來四12）。這刺穿一切的話語，揭示了我們行為上的問題，在本質上是信仰的問題。當我們的情緒似乎在掌管或定義我們之時，我們所面對的掙扎，在本質上，我是在扎掙是否相信上帝的應許。那正是為甚麼我們可以相信聖經能直接和有果效地針對我們的境遇的原因。因此，牧養關顧，首先是有能力用福音的話語去對應人生命中所遇到的難題。

有果效的福音羣體

假如我們的首要身分是成為羣體中的人，那麼，我們在羣體中的參與，將決定了我們茁壯成長的能力。應該活出的生命，**就是**羣體中的生命。對我來說，羣體不單單是一種額外的利益，它是身為人類究竟是甚麼意思的核心組成部分。這就是說，對身為基督徒究竟是甚麼意思而言，基督徒羣體也是不可或缺的。在基督徒羣體中的牧養關顧，並不單單是眾多「治療手段」之一，它是使其他牧養關顧得以發生的處境。

對於牧養關顧來說，上述的含義十分重要。很多正式的牧養介入，都是在羣體以外發生的，而其中一個原因，是與羣體的分離（disengagement）。莎拉的孤單感不容小覷，因此，伊恩決定在一個充滿愛的羣體處境中照顧她，那就顯然極之重要了。既在一個較為正式的環境中，繼續進行特定的輔導，但與此同時，在委身的關係中健康地與其他人相處，也會幫助她應對許多現存的問題和問題背後的成因。

讓我們將其中一些信念應用在婚姻這特定的議題上。教會以外的人面對的困難——離婚率接近百分之四十——同樣是教會內的人面對的困難。這個壓力的一個重要元素是個人主義。在一個高舉個人權利和慾望的文化裏，把兩個個體在一段像婚姻那樣密切的關係中連繫起來，必定會產生很多問題。在我們的社會中，也有一種可隨意棄置關係的風氣，而這也影響了大家對婚姻的態度。

大家庭隨著流動性增加而解體，這大大增加了婚姻的壓力。就如一段常被引述的非洲諺語所宣稱的：「要靠一條村落去養育一個孩子」，但西方文化如今已幾乎將它交由一對夫婦去處理（而在一些個案中更只剩一人）。很多以前的支援架構早已被挪開，任由婚姻毫無庇蔭和變得脆弱。

沒有任何地方，比身處羣體環境更能培育婚姻。主要原因有兩個：

1. **基督徒羣體提供處境，讓我們認識到成為羣體中的人是甚麼意思**。假如我們要圓滿地與其他人生活在一起，這是一個基本的真理。假如西方世界的主流文化強化了個人主義，那麼，我們就需要一個不同的文化，去代表另類的選擇了。教會是一個很好的處境，讓我們認識與其他人一起生活交往，究竟意味著甚麼。這是與自己的自我耽溺（self-preoccupation）對質的地方。當我聽到聖經的教導時，這就會發生；當那些為我的虔敬負責任的弟兄姊妹鼓勵我和斥責我的時候，這就會發生；當我回應上帝的呼召，全心全意地愛上帝和我的鄰舍，如同愛自己時，這就會發生；當上帝的真理與阻撓我的境遇向我展示出，這不是我的世界，而我也不是上帝，這就會發生；當羣體以愛和恩典回應我的罪時，這就會發生。

2. **基督徒羣體提供最好的處境，讓婚姻能夠茁壯成長**。在當代的處境裏，婚姻不過是「多元個人主義」（plural individualism）。但在教會中，我們找到實際的支援架構。在教會中，我們找到對我們的婚姻委身的人。他們從上帝的話語知道敬虔的婚姻涉及甚麼，並會幫助我們實踐出來。他們知道敬虔的婚姻涉及甚麼，因為無論是已婚還是單身，他們本身都是一段順服和與基督相愛的關係的一部分（弗五22～31）。教會提供了一個更廣泛的處境，讓婚姻不會成為只向內望和滿足自己的事。

帶著福音意圖的平凡生活

在關於傳福音和作門徒的兩章裏，我們論到「帶著福音意圖的平凡生活」。牧養關顧也一樣。我們往往認為，牧養關顧只是在危機時刻才去做的事。但是，大部分牧養關顧都是在平凡生活的處境中發生的——當我們一同吃喝、一同洗餐具、一同在公園玩耍、一同走路。這種「預防性」的關顧，往往使我們避免了牧養的危機，也能幫助人去面對困難的境遇。但是，要讓這些平凡的處境成為牧養關顧的場合，我們就需要有意圖地以福音彼此鼓勵和勸勉。牧養關顧與傳福音一同進行，並非偶然，因為我們對信徒所說的信息，與我們對非信徒所說的信息是一樣的：福音的寶貴應許，是同時呼召人去相信和悔改的。

我們往往可以按著某人獨特的需要，述說福音的寶貴應許。舉例說，以下是四個有關上帝令人生命改變的關鍵真理：

- 祂是全權的；
- 祂是莊嚴的；
- 祂是美善的；
- 祂是恩惠的。

想想一個焦慮的人。他們感到焦慮，可能是因為：

- 他們對上帝掌管他們未來的全權，產生懷疑；
- 他們害怕別人的否定，過於他們害怕我們那位莊嚴的上帝；
- 他們懷疑上帝給他們的安排是否美善；
- 他們感到罪疚時，便懷疑上帝恩惠的饒恕。

在每個個案中，他們可能堅信這些真理，視之為信條一樣。但是，在遇上壓力的時候，他們欠缺了實際的信心。這些例子，說明了牧養的問題與信心和真理的問題有關。上文提到彼得後書一章的經文，該段經文接著描述我們應該怎樣加上信心、德行、知識、節制、忍耐、虔敬、愛弟兄的心和愛眾人的心。彼得說：「人若沒有這幾樣，就是眼瞎，只看見近處的，忘了他舊日的罪已經得了潔淨。」（彼後一9）我們的問題是，我們忘記了我們已被饒恕。我們忘記了我們是擁有生命和虔敬所需的一切的。我們忘記了福音的寶貴應許。

又或者想想一個經常耗盡的人。他們之所以耗盡，是因為他們：

- 嘗試掌控自己的生命，因為他們懷疑上帝的全權；
- 嘗試贏取別人的肯定，因為他們害怕人，過於害怕那位莊嚴的上帝；
- 追求物質，因為他們沒有在我們那位美善的上帝身上尋求滿足；
- 嘗試證明自己，而不是相信我們藉著恩典而得的義，這義是透過基督作成的工來成就的。

單是上文述及的各種可能性，便足以警告我們，要提防那些過於簡單的「解決方法」。再者，我們本身的經歷也提醒我們，相信真理是畢生的、每天的掙扎。在很多個案中，我們無法明白行為和態度背後那發自內心的回應；但是，我們總能述說上帝的話語，相信聖靈能大大影響我們的生命。

婚姻和自殘只是兩個例子，反映在一個墮落世界中破碎的人所面對的種種問題。很多時候，總是在這些「危機」中，在生命經歷苦楚、困難與混亂之際，我們信心的深深處的光景，就會被揭露出來。在第二個場景裏，伊恩回應莎拉的「難題」的進路，可能十分大膽，但是，它是源自對福音的話語和福音的羣體的堅定信念。在一個聖靈會透過福音作工的羣體當中，像莎拉那樣的人，不需要害怕甚麼。伊恩是正確的：但是，似乎沒有比這更好的切入點了——上帝的靈在祂子民當中巧妙地用祂的話語感動眾人。

註釋

1. 有部分的資料最先見於"Open Bible Institute"的"Pastoral Care"獨立單元，並在經批准後採用。
2. Frank Furedi, *Therapy Culture: Cultivating Vulnerability in an Uncertain Age* (Routledge, 2003).
3. Paul Gascoigne, *Being Gazza: My Journey to Hell and Back* (Headline, 2006).
4. Paul Gascoigne, "Sobering Tale of How Gazza Fell Back into the Grip of Addiction," *The Times,* 20 May 2006.
5. John Calvin, *Calvin's Commentaries: Hebrews and 1 & 2 Peter,* trans. William B. Johnston (St Andrew Press, 1963), 330.

6. R. C. Lucas and C. Green, *The Message of 2 Peter and Jude* (IVP, 1995), 48.
7. Richard Winter, *The Roots of Sorrow* (Marshall, Morgan & Scott, 1985), 36.
8. Jonathan Edwards, *Charity and its Fruits* (Banner of Truth, 1978), 79.

9
靈性
Spirituality

我正在閱讀一份給出版社的草稿，有一個句子吸引著我。這是一個關於花時間操練「默觀、靜默與獨處」(contemplation, silence and solitude)的評論。它並不是作者論點的中心，但是它深深烙印在我的心裏。這實在不太對勁。它確實形容了今天福音派當中許多被當作是靈性(spirituality)的東西；又或者，比這更甚的是，它構成了一種給精英分子的更高層次的靈性。我們教導初信主的基督徒祈禱和讀經；但成熟的靈命則帶領我們進入新的領域——「默觀、靜默與獨處」。

但是，當我思想那些話，令我印象深刻的是，它們正正描述了與聖經的靈性(biblical spirituality)相反的東西。聖經的靈性並不是默觀，而是閱讀和默想上帝的話語。它並不是抽離的靜默，而是熱切的祈求。它並不是獨處，而是有分於羣體。換言之，聖經的靈性，反映了我們在整本書所不斷強調的雙重效忠。它以福音為中心，並以基督徒羣體的處境為根源。

- 聖經而不是默觀＝以話語為中心的靈性；
- 祈求而不是靜默＝以宣教為中心的靈性；
- 羣體而不是獨處＝以羣體為中心的靈性。

靈性和福音的話語

上帝藉著祂的靈，透過祂的話語揭示自己。我們不會在靜寂（stillness）中遇見上帝：我們在祂的話語中遇見祂。我們不會「在園中與主更親密」（nearer to God in a garden）：我們乃透過祂的話語與祂親近（申三十 14）。藉著上帝的靈呼出來的聖經，「於教訓、督責、使人歸正、教導人學義都是有益的」（提後三 16～17），而上帝的話語也帶來盼望和內心的改變。上帝的話語也使我們的靈魂甦醒。詩人說：

耶和華的律法全備，
　　能甦醒人心；
耶和華的法度確定，
　　能使愚人有智慧。
耶和華的訓詞正直，
　　能快活人的心；

耶和華的命令清潔，
　　能明亮人的眼目。
耶和華的道理潔淨，
　　存到永遠；
耶和華的典章真實，
　　全然公義——
都比金子可羨慕，
　　且比極多的精金可羨慕；
比蜜甘甜，
　　且比蜂房下滴的蜜甘甜。
況且你的僕人因此受警戒，
　　守著這些便有大賞。（詩十九 7～11）

聖經的靈性是一種話語的靈性。因此，真正的靈性的其中一個主「旋律」，就是閱讀和默想聖經。默想並不是倒空你的心思，而是以上帝的話語填滿你的心思。今天有很多人談論「聆聽上帝」，鼓勵我們藉著靜寂、默觀、異夢與特別的話語聆聽上帝。事實上，有些時候，上帝會以不尋常的方式、恩惠地引導我們（徒十六 6～10），但是，我們並不需要倚靠這些東西去過敬虔的生活，我們也不應把它們當作一種規範，因為上帝早已說話。祂透過祂的兒子和祂自己的話語說話。如今祂繼續透過聖靈以這種方式說話。彼得說：「他們得了啟示，知道他們所傳講的一切事，不是為自己，乃是為你們。那靠著從天上差來的聖靈傳福音給你們的人，現在將這些事報給你們；天使也願意詳細察看這些事。」（彼前一 12）從前是眾先知在講述上帝的話語，但在今天是「藉著聖靈」對我們講述。舊有的話語，也是當代的話語；而上帝這一啟示是完備的，並沒有任何缺乏，也沒有任何不足之處。希伯來書開始時說：「上帝既在古時藉著眾先知多次多方地曉諭列祖，就在這末世藉著他兒子曉諭我們……他是上帝榮耀所發的光輝，是上帝本體的真像，常用他權能的命令托住萬有。他洗淨了人的罪，就坐在高天至大者的右邊。」（來一 1～3）上帝曾經在異夢和異象中說話，但如今不再需要這種溝通方式，因為祂已藉著祂的兒子說話。子是上帝本體的真象，而祂的話語大有能力，托住萬有。我們怎能認為上帝的啟示，即在上帝兒子裏藉聖靈記錄在上帝話語裏之啟示，是需要被補充的呢？

在密契式和默觀式的傳統中，靈性追尋的目標是與基督聯合。與基督聯合，是透過一種屬靈操練的模式，或者透過不同的屬靈階段來達致的。他們往往會使用階梯（ladder）這一意象。福音的靈性剛好相反。與基督聯合，並不是靈性的目標；它是靈性的基礎。它並不是透過訓練，也不是透過階段來達致，而是透過像小孩子一樣的信心而被賜下。

我得承認，我曾深受默觀、靜默與獨處這種靈性吸引。我至今依然如此。但是，為甚麼會這樣？我相信這是因為它代表著一種靈性上的成就（achievement）。它是給精英分子的靈性。相反，聖經的靈性是一種恩典的靈性，其主要的意象是小孩子向父親祈求。

在歌羅西的教會中，似乎有一種追求成就、強調屬靈洞見和充滿神祕色彩的靈性，正威脅著教會。這些人聲稱，單純信靠基督，就可以開始過基督徒的生活；但是，若果要繼續下去和不斷成長，你就需要：

- 屬靈力量的幫助(西二 18；另見一 16，二 10、15)；
- 跟隨規條和紀律(二 16～17；另見二 11～12)；
- 特別的知識和「奧祕」(二 8、18；另見一 25～27，二 2～4)；
- 禁絕物質享樂(二 20～23)。

在福音派當中，愈來愈常聽到類似的宣稱。有人說，福音派強調福音，長於把人帶進教會；但要培育和保持信心，我們就需要轉向其他傳統——提供更高層次的靈性的各種傳統。有很多不同的聲稱指，我們需要屬靈操練或神祕的相遇，或是默觀的退修會，或是所謂的「爭戰的祈禱」(warfare prayer)。

保羅回應時，他強調基督的超越性、在基督中完全的啟示，以及在基督徒生命中基督的充足性。換言之，在基督的福音裏，我們豐富地被供應所需的一切，那就是我們繼續作基督徒，並成為成熟的基督徒所需的一切。我們並不需要別的東西。我們不用轉離基督，轉去追求「更高層次」的門徒身分，才能成為成熟的基督徒。事實上，歌羅西書二章 6 節總結全書的信息：「你們既然接受了主基督耶穌，就當遵他而行。」

靈性和福音的宣教

熱心參與

靈性往往被拿來與物質作對比。我最近與一個持無神論的社會學講師對話。他感到現代世界太過物質主義，我們需要多關心「屬靈」(spiritual) 方面的事。基督徒往往也有這種想法。我們認為靈性就是抽離忙碌的生活，在郊外有一段「安靜時間」，或者在週末「退修」。有些人更進一步，他們認為，從某角度而言，「屬靈」比物質更好。很多基督徒以為「屬靈」是與肉體或性或肉身敵對的。上帝創造的世界——屬靈的和物質的——都是好的(創一 31)。而上帝所定意的未來，既是屬靈的，也是屬物質的。在耶穌的身體復活中，上帝對祂的創造和應許作出了肯定——有一天，祂要除掉它的邪惡、苦難與醜惡，並創造一個新天新地。聖經的靈性是每一天的靈性，在其中，一切生命都榮耀上帝。

當保羅形容人類背叛上帝，他說：「因為，他們雖然知道上帝，卻不當作上帝榮耀他，也不感謝他。他們的思念變為虛妄，無知的心就昏暗了。」(羅一 21) 不感恩，是我們原罪的一部分。相反，感恩，規範了我們與受造世界的關係，在禁慾主義(禁絕世俗的享樂)與拜偶像之間，為我們掌舵。禁慾主義貶低了上帝美好創造的價值，而感恩則肯定了它的價值；拜偶像高估了受造物的價值，而感恩則確保上帝繼續是我們的焦點。因此，每次餐前「謝飯」的這一踐行，或許應該伸延到其他範疇(至少就我們的態度而言)。假如我為了每一口食物去感謝上帝，那麼感恩就會改變這一口食物；它不再只是給我身體的「能量」，而是成為從上帝而來的禮物，是我們可以享受和細味的。它的味道和質感，因而生出一嶄新的意義。萬物都是好的——假如他們是在遵從上帝的旨意和為了祂的榮耀而享用這些東西(提前四 1～5)。

在提摩太前書三章 16 節，保羅論到「敬虔的奧祕」。這可能是一個假教師的標語，是提摩太必須制止的。保羅採用了他們的用語，卻徹底重鑄它的意思：「大哉，敬虔的奧祕！無人不以為然：就是上帝在肉身顯現，被聖靈稱義，被天使看見，被傳於外邦，被世人信服，被接在榮耀裏。」耶穌在肉身顯現，祂作父的工，是在肉身，而不是離開肉身；並且祂是在肉身被聖靈稱義。「被接在榮耀裏」的意思是基督被榮耀。但是，祂怎樣被榮耀的呢？就是當祂在世上被人相信的時候。你不會在無休止的退修中找到耶穌，而是在世界裏。聖經的靈性，最終將是一個宣教的靈性。我們藉著廁身充滿敵意的世界，作聖潔的子民，宣講好消息，品行端正，「宣揚上帝的美德」(彼後二 9～12)。

在約翰福音十五章，耶穌呼召祂的門徒「要常在我裏面」（約十五4）。但是，這並不是被動地在靜默中尋求引導。這是在與基督的聯合中的主動的信心，也就是在這個世界結出果子的信心（十五8）。我們要常在基督的愛裏（9節）。但是，常在基督的愛裏，與遵行基督的命令同義（10節）。基督並沒救我們脫離這個世界，而是差遣我們進入這個世界，「去結果子」（16節，十七15～18）。祂的命令是要我們「彼此相愛，像我愛你們一樣」（十五12、17）。聖經的靈性並不是在靜默中生發，而是在背起十字架時出現的；它並不是抽離的靈性，而是參與的靈性；你不是在一間與世隔絕的房子裏踐行靈性，而是將靈性在滿佈破碎生命的街角中踐行出來。

姓名：喬爾

職業：水管工學徒和工人

教會：謝路菲爾的會眾之家

喬爾（Joel）一週的生活，與很多和他同齡的年輕人一樣：一點點半職工作，一點兒溫習或訓練，踢踢足球，偶爾與幾個朋友上酒吧。但是，他與其他年輕人有一些明顯的分別。首先，他每星期也花時間和幾個與教會有連繫的釋囚待在一起，鼓勵他們，並幫助他們重新適應主流的生活。有時候，只是坐下來傾談；其他時候，則在狂歡派對後，四出幫助喝醉了的人。

對喬爾來說，在會眾之家的生活乃是非常實際的事。「我參與基層工作比較好，」他說。「我大部分朋友都來自工人階級，他們從來都不會涉足教會。」即使每星期的足球比賽也並非目的本身。身為球隊的隊長，喬爾有責任確保球場上既有基督徒，也有非基督徒。「我們是為傳福音而設的，」他說。「我們喜歡六四比率，即基督徒佔六成，以致我們可以有效發揮影響力。」

喬爾說他有兩羣非常特別的朋友：他在教會的基督徒大家庭，以及——據他的說法——「我的非基督徒朋友」。他相信最大的挑戰是抓緊後者，因為隨著日子過去，放棄他們是很容易的事。

與很多來到雪菲的學生不同，喬爾堅信他的老朋友不會在可見的未來離開這城市。他觀察到：「他們早已為他們的生活安排好了，而他們基本上是會在雪菲定居的。」在雪菲定居，以及留在謝路菲爾的會眾裏，也是喬爾的計劃。假如一切順利，他會加入這個城市的警隊。「我不是為了學生工作而加入警隊，而是為了其他沒有上過大學，卻一直在這裏生活的人。」他說。

熱切祈禱

藉祈禱熱切地跟上帝交往，與藉宣教熱切地跟世界交往，兩者是攜手並肩，連在一起的。

大家往往會鼓勵人花時間在上帝面前靜默和靜寂。當大部分與我交談的基督徒嘗試這樣做時，他們總是想起前一晚在電視上看過的東西，或者想起他們的待辦事項。結果，他們會有一種「不屬靈」的感覺。然而，加爾文說，「甜蜜和完美的安靜」並不是高層次的靈性的特色，而只是那些「順心而行」的人的特點。「對聖徒來說，」他接著說：「最能夠激勵他們向上帝呼求的時機，就是他們因著自己的需要而悲痛萬分之時，就是他們因著極度不安而感到莫大困擾之時，以及當他們快要抓狂之時，直到信心適時到來，釋放他們。」[1]

聖經的靈性，並不是一種靜默的靈性（spirituality of silence）；它是熱切祈求（passionate petition）的靈性。假如我們與環繞著我們的世界交往，我們就會關心這個世界。我們會為人的需要、我們的聖潔以及上帝的榮耀，大發熱心。我們不會在祈禱中保持靜寂。面對從上帝而來的擊打（holy violence），我們會大聲呼求，祈求上帝的憐憫。假如我們保持靜默，那是因為我們悲痛萬分，才一語不發。這是詩篇的靈性——那是讓我們全情投入的靈性。當詩人論到我們的心要平靜安息時，那並不是指一種靜寂的靜默，而是指遏止自義與自信（詩四十六篇，六十二篇，一三一篇）。

我曾在祈禱會中鼓勵人花時間讚美或認罪或默想，不要太快就進到代求的階段；我曾經因他們「誤入祈求」而感到灰心。但是，現在我認為這種心態是錯的。為了某些東西祈求上帝幫助，是信心的表現；這是對祂的莊嚴、美善和大能的一種確認。這比起那些我們唱得心不在焉的詩歌，更像敬拜的行動，因為我們藉此確認了祂全權的恩典。我們可能會認為祈求「不夠複雜」，太簡單了一點；我們可能會追求一些高層次的技巧，將某種成就偷偷引進靈性之中。但是，這些簡單的祈禱，真真正正地表達出對上帝王權的信靠，亦真真正正地宣認了自己在上帝面前有何需要。用這種方式祈禱的人，真真正正地領會到父子關係中的自由，正是我們在基督裏得享的自由。

靈性與福音羣體

許多敬虔的福音派認為，上帝面前的每個個體生命是最核心的。可是，與上帝親密的個人關係（personal relationship），往往會變成與上帝的個別關係（individual relationship）。這種個別的關係，卻被視為真正的靈性，並從中衍生出其他表達方式。因此，人們會這樣說：「我們不會經常在教會中做公禱，除非我們先學會私禱。」

在某程度上，這視乎你怎樣述說聖經的故事吧。有類似這樣的一個版本：「上帝使你認識祂，但是你拒絕上帝。你的罪使你跟上帝隔絕，並使你得接受祂的審判。但是，上帝差遣祂的兒子為你受死，並使你與上帝復和。現在你可以認識上帝，並盼望在死後與祂同在。」這是故事，是一個個體的故事，這人原與上帝無關，卻被帶回到與上帝的關係之中。這個版本是真實的故事，但它不是真相的全部，也不是聖經本身說故事的方式。我們再來看看另一個版本：「上帝讓人類認識祂，並管理祂美好的創造。但是，人類拒絕上帝，自此，我們背叛祂，並彼此紛爭。但是，上帝揀選了亞伯拉罕和他的家庭，讓他們成為新人類的開始。祂拯救這羣人脫離為奴的生活，並與他們立約，藉此與他們建立關係，並向世界展示祂的榮耀。當他們不斷拒絕上帝，祂應許藉著餘民（remnant）延續那賜給祂子民的應許。祂應許賜下新約，赦免罪過，又將祂的律法刻在他們的心版上。最終，耶穌是那一位忠信的餘民。祂為祂的子民受死，救贖上帝的新人類。祂從得享新創造中之新生命的人中間，首先復生。上帝現在正透過教會的宣教，招聚祂的子民，並使來自萬國的子民，作祂兒子無瑕疵的新婦。」這一邀請暗示了這個故事不單單是人與上帝的個別關係（雖然那只是暗示），這一邀請也是叫人成為上帝新的子民、基督的新婦的一分子的邀請。它暗示著一個更具羣體性（communal）取向的靈性。這是一個我們「與眾聖徒一同」明白基督奇妙大愛的不同向度的靈性（弗三 18）。我們若彼此相愛，便示範和體現了上帝的愛（約壹四

12）。**我**與上帝有關係，因為**我們**與上帝有關係。有上帝的**眾民**，因為有一羣上帝的**子民**。

這在實踐上有甚麼意義呢？以下是三方面建議。

第一，這意味著，最優先的，應該是與其他人一起祈禱，而不是獨自一人祈禱。當有兩個人同心合意祈求，上帝就應許會回應我們的禱告；當有兩三個人奉祂的名聚會，基督就應許與我們同在（太十八 19～20）。這不單單反映了我們與上帝的關係的羣體性本質，經驗也告訴我們，對大部分人來說，這是比較容易的事。單憑自己，我的思緒和注意力很快就會分散。與其他人一起祈禱，似乎較易集中，保持專注。週一至週五早上八時半，我都會與另一個基督徒短暫相聚，一起祈禱。我有些朋友會在一同上班下班時，在車上讀經和祈禱。我們鼓勵大家在平常的生活中一同祈禱。當你在討論一個難題時，把對話變為祈禱。當你在慶祝成功時，把對話變為讚美。我仍會獨自一人祈禱，但只為著兩個原因。第一，我與其他基督徒一同祈禱的時間不足夠，我需要更多禱告的時間。第二，我依然太過在意其他人的看法，以致我無法在祈禱之時於他們面前敞開自己。不應該是這樣的，但事實就是這樣。比起在其他人面前，我一個人的時候可以對上帝更加坦誠，因此，有些時候，當我有此需要，我便會獨自禱告。但是，我不會認為獨自祈禱的時間，比與人一同祈禱的時間重要。

第二，我們必定不可以將我們與上帝的關係，以及我們與其他人的關係分開。在以賽亞書五十八章、馬太福音五章23至24節、馬太福音六章14至15節，以及彼得前書三章7節，上帝說祂不會回應祈禱。在這三個情況中，問題都不是得罪上帝。假如我們真心悔改，得罪上帝不是祈禱的障礙。事實上，我們可以藉祈禱轉向上帝，承認我們的罪，並在福音中尋求饒恕。在這三個情況中，其實問題都是得罪別人（窮人、我們的基督教大家庭、那些得罪我們的人、我們的妻子）。得罪別人，要先跟他們復和。

第三，我們需要每天彼此勸戒和彼此鼓勵。希伯來書三章12至13節說：「弟兄們，你們要謹慎，免得你們中間或有人存著不信的惡心，把永生上帝離棄了。總要趁著還有今日，天天彼此相勸，免得你們中間有人被罪迷惑，心裏就剛硬了。」我們的心，總不能遠離罪惡、不信、硬心和迷惑。要堅忍下去，就需要有人鼓勵我們；而我們需要他們每天鼓勵我們（另見希伯來書十章23至25節）。福音的子民天天彼此相勸，讓我們記得福音的恩典，由此，上帝那活潑的和主動的話語，作軟化人心之工。我們需要建立一種教會文化，在其中，所有人都習慣並期望大家以愛心坦誠相待，彼此相勸。就如萊恩（William Lane）所說：「避免背道，不單單個人需要警惕，羣體中的每一員也要時刻彼此相顧。」[2]罪會迷惑人（來三13），但它從來不會以罪的樣子示人。它偽裝著又知情達理地悄悄臨到我們：「當然你有權為了他們所做的事發怒。當然你們應該一起睡了，畢竟你們正計劃結婚。當然你應該與那個男子喝一杯——你需要別人欣賞，那是你丈夫從沒有給過你的。」很多時候，我們是最後一個洞悉騙局的人，但身邊的人卻常常看得清楚。這正是為甚麼身為福音羣體的一分子如斯重要。

這種羣體靈性，明顯要求大家要有一定的關係。我們需要分享我們的生命。我們需要「每天」與其他基督徒同在。我們需要那真正的、開放的和親密的友誼。我們要准許對方進入我們的生命和挑戰我們所心想的。我們需要領袖，他們願意每天勸戒人，也受勸戒，藉此營造這種文化。他們不單單在講壇上、也要以生命帶領我們。在教會的生活中，上帝的話語不單單需要是中心性的，也需要漫遍我們生活的每一面。

註釋

1. John Calvin, *Institutes of the Christian Religion*, trans. F. L. Battles, ed. J. T. McNeill (Westminster/SCM, 1961), 3.20.11.
2. William Lane, *Hebrews 1 ~ 8* (Word, 1991), 87.

10
神學
Theology

一百多年前，客勒爾（Martin Kähler）認為宣教是「神學之母」（the mother of theology）。新約聖經作者並沒有閒情去搜集資料和反思，因為他們是在危急的情況下寫作的；惟教會藉著宣教與世界相遇，創造了做神學的動力。我們在這一章想做的，是為神學繪畫出一個認真看待福音——是從上帝而來的話語、也是給世界的話語——和羣體的異象。這些關注極之重要，以致它們實際上定義了真正的神學是怎樣的，並把它從錯誤中辨別開來。

以話語為中心的神學

神學是「有關上帝的研究」。但是，神學與其他學科不同，以致不應該把它納入同一個範疇。舉例來說，在生物學裏，生物學家研究植物，並透過分析和研究，推斷所得資料。但植物本身是被動的研究對象，受著冷靜的科學審定。然而，上帝從來不是一個被動的對象！

所有神學或有關上帝的論述，都是以上帝揭示自己為基礎的。這個主動權單單屬乎祂。我們對上帝的認知，倚仗祂自己的自我揭示。因此，神學不是哲學；它的本性也不是純理論的，內容也不是隱密的。所有神學，必須是認真閱讀聖經的成果。神學——若理解得正確——是在上帝的話語中，與永活的上帝相遇。

再者，上帝在基督的道和聖經的話語中，自我揭示，而這一自我揭示鑑察**我們**。當我們細察那光，那光就會揭露我們的不是，並揭示另一個本真的實在（authentic reality）。當我們認識上帝，我們就能認識自己。巴文克（Herman Bavinck）在阿姆斯特丹自由大學（Free University of Amsterdam）的系統神學教授就職演講中說：「神學家是一個大膽談論上帝的人，因為他所說的是從上帝而來，並藉上帝而出的。教授神學，是做神聖的工作，是在主的家擔當祭司的職事。它本身是敬拜的事奉，是心思意念的聖化，為要尊崇祂的聖名。」[1]

在保羅給提摩太的最後一封信裏，提醒提摩太不要忘記他從小學習的聖經。提摩太面對的假教師，保羅形容為「作惡的和迷惑人的」，「必越久越惡」，「欺哄人，也被人欺哄」（提後三 13）。相反，提摩太要繼續「他所學習的」(三 14;另見一 13)。他的參照依據是聖經,因為惟有聖經能使人有智慧,教導人在基督裏得著救恩(三 15)。所有別的教導都包含了「愚拙無學問的辯論」(二 23)。因此,提摩太要勤奮地學習聖經,「作無愧的工人,按著正意分解真理的道」(15 節)。基本上提摩太的工作十分簡單,儘管不一定容易:身為上帝子民的領袖,提摩太要努力學習聖經,教導他們真理和保守他們遠離錯謬。有別於假教義和假教師的敗壞生活,聖經表明了身心的安泰只能在基督裏找到。聖經使我們有得救的智慧:上帝賜給信徒的一切好處,都能透過祂的話語來理解。就如氣息的流動,將我的思想轉化成你們聽得到的話語;上帝透過聖靈默示,結果呼出聖經來。假教師的跟隨者「常常學習,終久不能明白真道」(三 7)。相反,就如加爾文所説:「當主給予我們聖經時,並不是為了滿足我們的好奇心……也不是為了給予閒聊和說話的場合,而是為了我們的好處。因此,聖經的正確用法,總應該趨向有益的事。」[2]上帝的話語使屬上帝的人得以完全,預備行各樣的善事,因為聖經「於教訓、督責、使人歸正、教導人學義都是有益的」(三 16)。由於聖經要引導人得著救恩,它賜下真理,讓我們相信,讓我們活出。「聖經包含了使人活出美善和幸福生活的完全規則。」[3]保羅之所以相信提摩太已經得到了事奉上、責備假教師以及裝備聖徒所需的一切,原因正在於此。

以宣教為中心的神學

由於神學總是與聖經對話的果子，它並不是學術的產物，從事神學研究也不是局限在學術機構裏的。神學是本地教會的工作。假如像巴文克所宣稱的：「神學家是一個大膽談論上帝的人」，那麼，根據這番話的意思，每一個信徒都是神學家。當我們向世界和彼此講述關於上帝的真理時，我們是以神學家的身分講述，因為上帝是我們對談的主題。

神學也是教會的工作，因為只有實踐神學（practical theology）才是重要的和配稱為神學的。神學是生命之道。神學是延伸至整個生命的敬拜。妻子順服自己的丈夫，如同順服基督；丈夫愛自己的妻子，正如基督愛教會，他們都是「神學家」。他們認識關乎上帝的話語，以及容讓那話語轉化他們的生命，活出謙卑、忘記自我的服事。

有意義的神學需要首先在上帝子民的日常生活中發生。它要成為與生命對話、並從生命而出的論述。「一個針頭上能站多少個天使」這類中世紀關注的假設性問題，或許可說明「專業」神學的一切愚昧；但是，翻翻某些福音派神學期刊，也看到當代的討論是同樣艱澀。聽來可能滿有學術味道和令人欽佩，但根本枯燥乏味，往往與我們無關。當神學論述並不是出於渴望活出榮耀的上帝的生命時，那就更加與我們無關了。

神學必須造福教會及教會的宣教。真正的神學，必須被我們所說的「宣教的詮釋」(missionary hermeneutic) 所形塑。脱離了這個處境，基本上是貧乏、自我表彰和放縱自己的神學。博許說：「當教會不再宣教，教會就停止成為教會；當神學失去它的宣教性格，神學就不再是神學……我們需要一個為神學而定的宣教議程，而不只是一個為宣教而定的神學議程，因為神學——若理解得正確——除了緊緊伴隨著上帝的宣教(*missio Dei*)之外，並沒有任何存在的理由。」[4]

我一再發現，與非基督徒對話，驅使我把我的神學帶到另一個層面。保羅對腓利門說：「願你與人所同有的信心顯出功效，使人知道你們各樣善事都是為基督做的。」(門一6) 非信徒不會滿足於標準答案和不經解釋的詞彙，即基督徒太多時候不假思索就接受的。

跨文化的宣教工作帶來了更新神學的獨特契機。「每個文化都有可能為我們對福音的理解帶來某方面的亮光，那是在其他文化中較難看得見、甚或隱藏了的。」[5] 我們需要用文化來展現我們的神學。這是對的，但也有些危險。我們可能會開始混淆福音的真理與文化的偏見。跨文化並跨次文化來傳揚福音，驅使我們反思，本身的基督徒踐行有多少是源於福音，又有多少是源於我們自身的文化。宣教是一個重新思考的契機，讓我們有機會反思，我們所相信的元素，究竟哪些是屬於福音的，哪些是屬於我們的文化的。

在系統神學的傳統分類中，宣教經常都佔不到一席位，這實在有點奇怪！就算將宣教包括在內，它都會變成一個子集（sub-set），隸屬於教會之下。但是，我們需要的不只是一個與我們的教會、救恩、基督，諸如此類的神學並列的宣教神學；我們需要以宣教的詞彙重新思想所有神學，因為每個處境都是一個宣教的處境。我們需要一個宣教的進路來看教義、聖經研究、教會歷史、倫理學、教牧關顧等。史密夫（David Smith）說：

> 不消說，聖經研究將會從被擄中得釋放，就是從一種對經文作枯燥無味、純粹技術式的研究進路中得釋放。舉例來說，在一個早已忘記了純全的愛的文化裏，怎可以避免雅歌的宣教含義？又或是在一個高舉虛無主義的世代裏，怎可以避免傳道書的護教價值？約伯的信息豈不是躍然紙上，與一個見證了奧斯威辛（Auschwitz）集中營和貝爾森（Belsen）的苦難的世代有莫大關係？當人進入較為熟悉的領域，例如詩篇或先知書——可別忘了耶穌的比喻——我們手裏滿是材料，這是在我們當代世界裏的屬靈炸藥呢。[6]

讓聖經神學返回其真正的家，即返回相信及宣教的羣體，但要將聖經神學還原，實在既易且難。它要求我們的聖經教導要時刻探索經文的宣教含義：清楚說明真理**並**使真理成真。朝著那個目標，我們需要探索經文怎樣對當代文化說話。在最基本的層面上，預備過程中的一個不可分割的部分，就是思想怎樣清楚有力地向一個非基督徒述說真理。

這亦意味著當我們的教會和事工出現問題，應該花時間神學地作反思。它們給我們一個真正的契機，在神學理解上踏前一步。而沒有這個神學反思的話，我們就會被傳統或實用主義主導。身為神學家，我們的「主旨」，應該是一起在本地教會生活的每個層面，以及信徒生命的每個細節中的所有神學裏，探索宣教的含義。

神學必須對應那些我們因參與宣教而引發的議題。宣教奠定了神學的議題。我們在踐行中的參與，將會提出不同問題。神學的工作就是要捕捉那些問題，並為它們提供聖經的反思。但這並不足夠。神學必不可單單反思行動，它必須引發行動。神學的結果應該是宣教。

以羣體為中心的神學

福音信洗派（evangelical Anabaptist）忠於「羣體的詮釋」（community hermeneutic），因而為這個進路提供了一個甚有幫助的運作模式。福音羣體是詮釋聖經和做神學一個不可分割的部分。尤達（John Howard Yoder）說：「討論詮釋學的時候，若說，理解經文最好的方法是在會眾之中，那是個創見。」[7] 惟有當信徒聚在一起，並分享其自身的觀點和經驗，以發掘那話語向他們所說的話時，經文才能被恰當地理解。

這理解有好幾個層面。首先，新約大部分是寫給福音羣體的。這暗示了，理解它們的最佳處境，就是福音羣體。舊約也一樣，它大部分都是羣體身分的產物，而上帝呼召這個羣體作萬民之光。聖經的解釋並非只關乎我和我的聖經，而是關乎上帝給祂子民的話語，那羣子民要對世界盡責。舉例來說，兩段關於十誡的記載，其背景都是要呼召以色列成為君尊的祭司，向萬民傳遞上帝的知識（出十九 5～6），以及成為在上帝管治下生活的楷模羣體（申四 5～8）。假如你想理解律法的角色和它在今天的意義，你便需要認識到，律法乃是在呼召以色列成為宣教羣體的處境下頒佈的。

第二，宗教改革運動提到的其中一個問題，就是如何在互相競爭的聖經解釋之間作決定。天主教的答案是，由教會的層級制度決定：教宗是最終極的權威。基督新教的答案是，由所有信徒作決定：所有人都是自己的教宗。實際上，這有時候發展成學術的教皇制度，由學術研究決定聖經的真正解釋。神學自由主義就是這樣形成的，即由人類的學術研究來審斷上帝的話語。

從一開始，信洗派的回應就是說，信徒羣體一同決定聖經的解釋。他們認為，聖經是清楚易明的，而聚集的信徒可以理解聖經。信洗派論到「保羅法則」（the Rule of Paul)，那是指哥林多前書十四章29節：「至於作先知講道的，只好兩個人，或是三個人，其餘的就當慎思明辨。」

第三，羣體的詮釋學與另一個重要的概念有密切關係：順服的詮釋學(hermeneutics of obedience)。信洗派認為，在理解聖經和順服聖經之間，以及在知識和作門徒之間，都有著緊密的連繫。信洗派信徒如登克(Hans Denck)和赫德(Hans Hut)曾說過，我們並不能單單從閱讀聖經而真正認識上帝。登克說：「沒有人能認識基督，除非他在生命中跟隨祂。」要先準備好順服基督的話語，人才能理解它們。而假如作門徒是理解基督話語所必須的，那麼，門徒羣體也是理解它們所必須的。基督徒羣體是培育和保持順服委身的處境，因而它也是做神學所必須身處的處境。

在以弗所書四章11至16節，保羅肯定了教師的角色，卻主張他們的角色是「為要成全聖徒，各盡其職，建立基督的身體，直等到我們眾人在真道上同歸於一，認識上帝的兒子，得以長大成人，滿有基督長成的身量」(弗四12～13)。留意我們是**一同**「認識上帝的兒子」的。當我們一同成長，我們的理解就愈發增多。從某層面來說，身為基督徒，我的成長連於你的成長。惟有走在一起，我們才能達致成熟。

在我們的會眾當中，有若干人每週舉行教師聚會。所有教導聖經的人會聚集在一起，早幾個星期研讀經文。這是一個很好的處境，教導人怎樣理解聖經。眾人不是透過矯揉造作的方法論、而是透過反覆查考經文來學習詮釋學。這也是一個有創意的學習方式。大部分人認為最好的做法，就是與其他人交談。因此，對他們來說，最好的預備方法，或許並不是獨自在書堆前坐下來。我們一再發現，我們的思想會互相激盪，得出遠超我們獨自一人所能達致的理解。這亦意味著羣體作為一個整體，一同與經文搏鬥。阻礙我們正確理解聖經的，主要並不是欠缺詮釋技巧，而是我們的罪。我們的罪扭曲了我們的理解，因為我們全都傾向自義。與其他人一同研讀經文，消減了罪對我們思想的影響。

教師聚會只是這個過程的開始。我們也包括了小組討論，以致整個羣體作為一個整體，一同與經文的意思和含義搏鬥。我們鼓勵大家在接下來的整週都繼續對話，並於生活中應用這些經文時，彼此同行。而這只是整幅圖畫的一半。它代表著由聖經對生命（Bible-to-life）或是由話語到世界（word-to-world）的運動。我們也想從世界轉到話語（world-to-word），鼓勵人在羣體的處境裏，從聖經角度反思那些由生活和事奉引發的議題。舉例來說，在我們的團隊會議中，我們會邀請大家提出問題，讓小組一同思考。

學院的神學和教會的神學

隱伏在學院式神學和聖經學術研究背後的問題，

攸關重要的，是它太多時候流於自我表彰。專業神學家寫作，往往是為了給其他專業神學家看的。在新約聖經裏，教會領袖有責任引導羣羊離開錯謬（徒二十28～31）。假如你喜歡這樣說的話，他們是在會眾中的駐堂神學家（theologians-in-residence）。我們往往把這個引導羣羊離開錯謬的功能，移到學院裏去，但這是個危險的住處。我們不應低估「家」這個隱喻的影響力。假如神學家的「家」是在學術界，那麼從其他「家庭」成員獲得肯定，就顯得十分重要了。這從一些前福音派人士的生命歷程，可以看到這幅叫人感傷的圖畫——他們之前帶著崇高的理想去追求學術研究的志業，如今，卻與其福音派根源漸行漸遠。神學的確與其他學科有著某些相同的理念，但是假如神學主要的「家」是信仰羣體，它就更能落實到生活之中，並更能保持其福音向度。

有些人聲稱，我們的大學需要一些能與學術界神學家「比肩」的人，去參與當代神學的討論。然而，在很大程度上，有志探究當代神學的人，不必一定要裝作「基督徒」，是可在非認信的（non-confessional）學府中工作的。假如，真正的神學，是在本地教會的處境中與聖經相遇所結出的果子，那麼，很多所謂的神學根本就不是神學。為甚麼我們要讓那樣的人去奠定議題呢？

非信徒神學家是「從不信的立場看生命」的文化的一部分，而這種不信，關乎內心的問題多於智力的問題。庫比特（Don Cupitt）是一個「神學家」，他拒絕接受一位位格性、客體性的神，他說：「首先，假如我要跟隨生命的歷程和行動的習慣，成為我想成為的人，我必須有我需要的行動自由；第二，我必須有自主權，能夠自定規則，並將它們加諸於自己身上；第三，我採納的道德觀，本身必須是自主的，並於第二義上有其內在的權威。」[8]在庫比特拒絕上帝啟示的背後，是拒絕上帝的管治，偏愛個人的自主性。庫比特攻擊他稱為彼岸的（other-worldly）、否定生活的宗教，有時甚至惡言相向。就庫比特的這個此岸的（this-worldly）、肯定生活的世界觀來說，「今天，順服就是罪」。[9]

這些反對福音的聲音，是無法以聰明的論據來解決的。就如奧古斯丁（Augustine）說過：「除非你相信，不然你不會明白。」被釘十字架的基督的福音，總是一個愚拙和冒犯人的信息。無論我們用上多少「神學講論」，福音要求我們最終談到十字架這課題，而在這一點上，我們總是失去學術的可信性！

請明白，這並不是「蠢化」（dumbing down）上帝真理的託辭，也不是要藐視神學本身。這是對專業神學離開了生命的熔爐、無法在本地教會的鐵砧上被錘打形塑的批判。就如加爾文所言，教義「不是出於舌頭，而是出於生命。它不是單憑理解和記憶就能明白的，好像別的學科；而是只有當它佔據了整個靈魂，並在心裏最隱密之處找到一個座位和安息的地方時，才能領受……它必須進入我們的心，並進入我們每天的生活，也因而轉化我們成為它自己，以致它不會對我們毫無益處」。[10]

註釋

1. Herman Bavinck, *The Doctrine of God* (Banner of Truth, 1977), 封底文。
2. John Calvin, *Calvin's Commentaries Volume XXI* (Baker, 1979), 249～250.
3. Calvin, *Calvin's Commentaries Volume XXI*, 249.
4. David J. Bosch, *Transforming Mission: Paradigm Shifts in Theology of Mission* (Orbis, 1991), 494.
5. René Padilla, *Mission Between the Times* (Eerdmans, 1985), 89.
6. David Smith, *Crying in the Wilderness: Evangelism and Mission in Today's Culture* (Paternoster, 2000), 21～22.
7. John Howard Yoder, "The Hermeneutics of Anabaptism," *Mennonite Quarterly Review* (October 1967), 301.
8. Don Cupitt, *Taking Leave of God* (SCM, 1980), ix.
9. Cupitt, *Taking Leave of God*, 4.
10. John Calvin, *Institutes of the Christian Religion,* trans. F. L. Battles, ed. J. T. McNeill (Westminster/SCM, 1961), 3.6.4.

11
護教學
Apologetics

十字架的信息與理性護教學的限制

很多現代基督教的護教學，都是對啟蒙運動（Enlightenment）的回應，也就是對其明顯地拒絕基督教的啟示、並支持理性主義的回應。啟蒙運動是個高舉理性的運動，跨越十八、十九和二十世紀，並形塑出「現代性」（modernity）——我們現代世界的世界觀。這時代往往被稱為「理性的世代」。它拒絕宗教「迷信」，從開始到如今，都絕對相信人類理性能夠發現真理。笛卡兒（René Descartes）的名言「我思故我在」為啟蒙運動下了定義。接納信仰，只能根據理性，而不能根據聖職人員的權威、神聖文本或傳統。秉持私人信仰，是大家都認可的；但是在公共生活和公共論述中，則應該以理性為依歸。鑑於宗教使羣體產生分歧，因此，論者認為，如今透過理性的辯論，最終引向一種對世界的共享解釋（shared interpretation）。透過理性，人類可以勝過折磨他們的種種問題，也可以藉著自然科學征服大自然，而人類的本性也可以透過社會科學而得以完善。

不是所有人都擁抱這種前進的理性。如浪漫主義運動（Romantic Movement）就反對它那種冰冷的感覺。布雷克（William Blake）和華茲華斯（William Wordsworth）等詩人害怕機械化、理性化的世界，而擁護人文精神的情感向度。另一個哲學家歌德（Johann Wolfgang von Goethe）則說：「存在除以人類理性，留下了餘數。」[1]然而，浪漫主義依然是啟蒙運動的其中一個運動，因為人類依然是中心；理性被經驗取代，但是人類依然是真理的審斷者。

既拒絕聖經作為上帝啟示的來源，啟蒙運動因而與篤信聖經的基督教對峙。有些啟蒙運動思想家是無神論者，但是很多都是自然神論者（deists）。好像廷得爾（Matthew Tindal）在他的著作《基督教與創世同齡》（*Christianity as Old as the Creation*, 1730）當中，檢視我們四周世界中可找到的證據，並作結論說，世上有一位神明，儘管祂沒有積極介入祂的世界。他們均同意，上帝的啟示不能用來形構公共知識的基礎。

很多教會人士屈從於這個「進步的」觀點，給理性主義者讓步。當我還是小孩子，在學校的集會中，他們告訴我，餵飽五千人並不是神蹟，而是那個小男孩願意跟人分享他的五個餅和兩條魚，此舉令羣眾慚愧，因而願意分享他們偷偷帶來的食物。聖經中的神蹟受質疑，被「去神話化」(demythologized)。人類不再視自己是活在上帝話語的權柄底下，如今，由他們自己審斷真理或聖經。基督教中的超自然元素都被去掉，希圖藉此令聖經成為可信的。但事實上，剩下來的只是無生命的軀殼，並不值得相信。

其他基督徒則選擇後退，甘願守在自己的小天地裏，以回應這種對聖經真理的攻擊。在啟蒙運動的世界觀裏，科學、政治、經濟、文化與教育的公共真理，乃是以理性和觀察為基礎的。宗教信仰是私人的事情。因此，基督徒發現，他們可以在自己的圈子內快樂地踐行他們的信仰，以及保持信仰的純正——只要他們不把他們的宗教帶到公共的論述中。

然而，有些基督徒則與現代世界觀展開對話，並按著它的遊戲規則向它發出挑戰，他們透過理性的論述為基督教信仰辯護。啟蒙運動的理性世代，孕育了理性的護教學(rational apologetics)。有些人相信，由於「所有真理都是上帝的真理」，理性的尋問，最終會領人走向上帝，而不是離開上帝。基督徒可以運用理性去證明上帝是可信的，就如中世紀時期的阿奎那(Thomas Aquinas)，他亦運用了其宇宙論論證（cosmological arguments)去論證上帝的存在。其他人則較為謹慎，他們相信，基督徒可以展現基督教信仰的完備和理性，即使他們無法「證明」上帝是可信的。基督徒可以表明信仰不是「虛無縹緲」，而是有其自身理性的融貫性的。但是，我們無法以一個在邏輯上令人信服的方式，去證明對上帝的信仰。信仰就是信仰，並不是理性分析的試驗場(proving ground)。無論這個進路的野心有多大，它是藉著理性的論據，消弭我們感受到的理性和啟示之間的衝突。

威廉斯(Stephen Williams)在其著作《啟示與復和》(*Revelation and Reconciliation*)中，挑戰這種解讀西方思想史的方式。威廉斯認為，現代無神論根源於其他地方。拒絕啟示，只是一個更根本的問題的徵狀。真正的問題是拒絕復和(reconciliation)這觀念，以及那個觀念帶來的影響：向創造者負道德責任、人類的無助，以及藉代贖與上帝復和。背後的問題，並不是拒絕啟示的可能性，而是拒絕啟示的實現性(actuality)。換言之，背後的問題，並不是啟示本身，而是揭示了甚麼——我們需要一位救主。「西方無神論可以被理解為心靈上的靈性運動和智性上的思想運動。」[2]這樣理解啟蒙運動較為合適：一個朝向人類自主的運動，又或者是從上帝的權柄下爭取自由，並驕傲地拒絕接受人類是無助的。威廉斯並不是說，拒絕啟示是不重要的；但我們必須看見，當中是伴隨著並潛藏著對復和之拒絕。看看以下的引文：

> 我愈來愈清楚，所有偉大的哲學思想一直以來

> 是甚麼：部分是作者的懺悔錄，以及一種不自覺和無意識的回憶錄；再者，所有哲學思想的道德（或不道德）意圖，每次都培育出真正的生命幼苗，而整棵植物由之而生。要解釋一個哲學家是如何得出最遙不可及的形而上主張，總可以（和有智慧地）先問問自己：這（**他**）旨在怎麼樣的道德觀？我並不相信「追求知識」是哲學之父，哲學是有另一種追求的動力的——不但於此，於其他地方亦然——只是它以知識（和假知識）為工具。[3]

這段引文引自哲學家尼采（Friedrich Nietzsche），他在很多方面都表現出最前衛的思想。但是，就尼采以他一貫的誠實所察覺到的，所有哲學——無論有多理性——最終只是把我們自己想望的生活方式合理化。而現代人則想要過一個沒有上帝的生活，因此，他們建構了一個世界觀，在其中上帝若不是被邊緣化（自然神論），就是不存在（無神論）。赫胥黎（Aldous Huxley）說：

> 我根本不想這個世界有意義，並繼而假設它是沒有意義的，也毫無困難地找到令人滿意的原因，使這個假設成立……在世界中找不到意義的哲學家，他並不只純粹從形而上角度關心這個問題，他亦希望證明，實在沒有合理

> 的原因，以致他個人不應按著他想做的去做。對我自己來說，毫無疑問，就如我大部分同時代的人一樣，無意義哲學（the philosophy of meaninglessness）根本是將人……從某種道規範中……解放出來的工具。我們反對道德規範，因為它阻礙我們在性方面的自由；我們反對政治和經濟體系，因為那是不公義的。這些體系的支持者聲稱，他們以某些方法體現了這個世界的意義（即基督教的意義，他們堅持著）。有一個很好而又簡單的方法可以駁倒這些人，而與此同時又能證明我們的政治和情慾起義是正當的：我們可以否定這個世界有任何意義。[4]

這個運動不是從形而上學到道德規範、從無神論到人類的自主性的。這個運動不是說，我們勉強下結論說：沒有上帝，接著，我們便計劃一下該怎樣在這樣的世界裏生活。不！這個運動是從道德規範到形而上學的。[5]我們想脫離上帝的管治，因此，我們建構出一個上帝不在場的世界觀。就如尼采說：「上帝已死……我們已經將祂殺死。」[6]

對聖經讀者來說，這並不教人驚訝。在詩篇十四篇中，心裏說「沒有上帝」的愚頑人，不是沒有知識的。詩人說：「他們都是邪惡，行了可憎惡的事；沒有一個人行善」（詩十四 1）。阻礙我們認識上帝的，就是我們對祂的叛逆。保羅說：「自從造天地以來，上帝的永能和神性是明明可知的，雖是眼不能見，但藉著所造之物就可以曉得，叫人無可推諉。」（羅一 20）乍看之下，這似乎暗示了我們是可以藉著觀察和理性去認識上帝。但是，保羅繼續說：「因為，他們雖然知道上帝，卻不當作上帝榮耀他，也不感謝他。他們的思念變為虛妄，無知的心就昏暗了。」（一 21）問題是人「行不義阻擋真理」（18 節）。上帝啟示的光，已經在耶穌基督身上臨到世上。但是，「世人因自己的行為是惡的，不愛光，倒愛黑暗」。人拒絕光，「恐怕他的行為受責備」（約三 19～20）。問題並不是我們**無法**認識上帝，問題是我們**不願意**認識上帝。這不是頭腦的問題，而是人內心的問題。

看看以下的陳述：「語言，經精雕細琢而成，彷彿一位建築大師的傑作——然而，它複雜的結構，必定是以某種方式自我築成。」[7]這是多麼不合邏輯。由來已久的哲學性經驗法則（rule of thumb）「俄坎的剃刀」（Ockham's razor）說，最簡單的解釋，就是最好的。假如語言是經精雕細琢而成，彷彿一位建築大師的傑作，那麼最簡單的解釋必定是：有一位建築大師。但是，在爭論進行之前，已有了拒絕有一位建築大師存在的前設。重點並不是語言的複雜性能明確地證明上帝存在；重點是人非因為理性而拒絕上帝，而是將拒絕上帝當作前設，而有時甚至更漠視理性。

這是廣為人知的帕斯卡賭注（Pascal's wager）的意

思。十七世紀哲學家帕斯卡（Blaise Pascal）邀請人進行一場賭博。假如你「打賭」上帝存在，並在死後發現祂並不存在，那麼你只失去很少東西；但是，假如你「打賭」上帝不存在，卻在死後發現祂真的存在，那麼你就會失去所有永恆的東西。他的重點，並不是表明「打賭」上帝存在可賺取甚麼，而是要揭露不信者對上帝先天的敵意。「打賭」上帝不存在，有違個人的利益和反理性，因為這樣押注，是受著比理性更深層的念頭驅動著的。湯慕臨（Graham Tomlin）說：

> 這個賭注的目的，為了徹底擊潰中立的神話……帕斯卡叫他的對話者明白到，若他〔指對話者〕是非信徒，並非因為基督教本質上難以置信，而是因為他並不想去相信。不是因為欠缺證據，而是深深地、非理性地厭惡基督教的愚拙，這阻礙著他歸信……「你無法相信，是出自你的情感」，而不是因為任何理智上的困難。決定不信的真正源頭，並不完全是理智上的拒絕，也不是基督教本質上不合理，而是非理性和沒有事實根據的偏見，而這是基於未能看見基督教信仰的真理。問題並不是欠缺證據，而是罪。[8]

在墮落時，帕斯卡說，愛上帝的心被自愛（self-love）

取代了。這個愛自己的心影響了全人類，包括我們思考的能力。正因著欠缺這份真愛，我們認識上帝和理解實在（reality）的能力便敗壞了。正如奧古斯丁指出，我們的自愛，令我們對上帝的愛視若無睹。啟蒙運動當前的主要問題是認識論（epistemology）的問題，即我們如何能夠認識真理。但是，帕斯卡「堅稱基本的問題主要並不是認識論〔與知識有關〕，而是救恩論〔與救恩有關〕；並不是無法認識上帝，而是無法愛祂」。[9]

與人類的眼瞎（human blindness）相對應的，乃是上帝的隱匿性（God's hiddenness）。上帝向那些應該認識祂、卻不愛祂的人隱藏自己。帕斯卡為基督教的晦澀、它的「愚拙」感到自豪，就如保羅在哥林多前書一章所說的那樣。這種晦澀性（obscurity），正是我們對那位隱藏自己的上帝——向那些不願意愛祂的人隱藏自己——應有的期望。上帝在基督裏的啟示是模糊不清的（ambiguous）。惟有透過信心的禮物，我們才能辨識到上帝在十字架的羞辱當中的同在。十字架是理性護教的終極障礙。事實上，假如我們一心要成功地以理性證明基督教，我們就會否定它，因為我們會否定十字架的愚拙。基督教是愚拙的，因為上帝使它成為愚拙，使得祂向那些不願意愛祂的人隱藏自己。認識上帝就是轉向十字架。十字架是上帝向那些願意愛祂的人的啟示，但十字架卻向那些定意拒絕祂掌權的人隱藏上帝。清教徒薛伯斯（Richard Sibbes）說：「那些可以在基督裏歡喜快樂的人認識祂的道路……愛是真理的最佳表演者。」[10]

路德也有類似的主張。他在一五一八年的〈海德堡答辯〉(Heidelberg Disputation)中,透過一系列的論題和解釋,發展了他的「十架神學」。第十九條説:「他不配稱為神學家,即那種試圖藉著所造之物,去解釋眼不能見的上帝的事情的神學家。」路德要處理的問題是:我們怎能認識上帝?人類可以看見一些可見的東西:創造、屬靈經歷、神蹟。但是,路德認為它們沒有將上帝揭示出來;更確切地説,它們揭示了上帝的某些事情,但是這類知識會叫人自高自大,以致他們永遠無法再踏前一步。這類知識「對人永不足夠,也對他毫無益處」。人以為他們有知識,但是他們並沒有:他們是愚昧人。

那麼,上帝是不可認識的嗎?假如我們無法透過可見之物去認識上帝,我們是否真的可以認識祂?路德的回答是,上帝是要透過相反的事物被認識的。祂以一種隱匿的方式被認識。上帝那些眼不能見的屬性,在受苦和十字架當中被揭示出來:在羞辱中的榮耀、在愚拙中的智慧、在軟弱中的大能、在戰敗中的得勝。上帝是透過十字架的信息被認識的。十架神學,始於路德對公義和稱義的理解。路德的偉大領悟,就是上帝叫罪人稱義,上帝宣佈那些不義的成為義。而路德也察覺到,既是這樣,人對公義的理解就永遠無法引導我們,使我們明白上帝的公義。上帝的公義是在公義的相反裏被揭示出來的:在罪人被稱義中被揭示出來。

假如認識上帝可以透過可見之物（創造、屬靈經歷、神蹟）而得，它就會叫人自高。因此，上帝決意要透過受苦來被認識，以致祂可以向那些高舉自己的人隱藏起來。惟有「憂傷痛悔」的人才可以認識上帝。在別處，路德說「謙卑」，甚或是「羞辱」，才是認識上帝的先決條件。惟有當人在上帝面前謙卑下來或被壓傷，他們才能認識上帝。高舉榮耀的神學家，追求智慧、經歷和神蹟，他們說受苦不好。但是，高舉十字架的神學家，重視受苦，因為透過苦難，上帝被揭示出來。對上帝的認識，並不是透過人類的智慧、能力和成就而得，我們是在十字架的愚拙裏認識祂。

要彼此認識，總包含了謙卑。我需要謙卑地接近別人，因為我倚仗他們向我揭露他們自己。當對方比我更優越，就更是如此。假如我想認識英國君主或者美國總統，我就要謙卑地、有禮貌地，甚至是恭敬地接近他們。我要按著他們的要求，去接受一段關係。我不可以站在一個高高在上的位置，「探究」他們。即使是在科學研究中，你也要在數據面前謙卑下來，不可以將觀點強加在它們身上，而是願意接受它向我們揭示的東西。認識上帝也包含謙卑。我們按著祂的要求，到祂那裏，倚仗祂揭露祂自己。

在上帝不在場下察覺到上帝、在失敗中察覺到勝利、在羞辱中察覺到榮耀，是需要信心的。惟有藉著信心，才能認識上帝。而因為這需要信心，這便是恩典。

我們沒有為我們的救恩作出過甚麼貢獻——這全是上帝的作為。我們認識上帝，也是如此。我們沒有為認識上帝作出過甚麼貢獻——這全是上帝的作為。上帝以隱匿的方式揭示自己，藉此護衛啟示的恩典性。「父啊，天地的主，我感謝你！」耶穌說：「因為你將這些事向聰明通達人就藏起來，向嬰孩就顯出來」（太十一 25）。我們不會因為我們比別人聰明，或者有更深刻的屬靈洞見，或者花了更多時間默觀，而得以認識上帝。我們認識上帝，是因為上帝恩惠地在十字架的信息中向我們揭示祂自己。我們透過上帝的恩典，認識隱藏了的上帝。上帝是透過十字架的信息而被認識的，就是在軟弱中的大能、在羞辱中的榮耀、在愚拙中的智慧。薛伯斯再說：

> 當基督藉著祂的靈像先知一樣作教導，祂同樣藉著祂的靈像君王一樣征服人心，使之順服所教導的一切。這就是上帝所應許的教導，不單單是頭腦上的，也是教導人心的：人們不單單知道他們應該做甚麼事，而是受教做這事；他們不單單被教導應該去愛、敬畏和順服，也受教甚麼是愛、敬畏和順服本身⋯⋯照亮心思的靈，也在意念及情感中激發感恩的心，並將力量傾注在他們整個人身上。[11]

當我們開始思想，是甚麼形構了今天的榮耀神學

（theology of glory）時，我們就開始看見十架神學的適切性。自由主義可以稱為榮耀神學，因為它主張透過人類的理性可以認識上帝。聖禮主義（sacramentalism）則聲稱，我們透過象徵和教會禮儀與上帝相遇。各種創造靈修（creation spirituality）也可以以榮耀神學的形式出現，不論它是以「在園中與主更親密」的感性表達、還是以類似福克斯（Matthew Fox）的更成熟的神學形式出現。權能佈道（power evangelism）也在滿有權能的行動中尋找上帝的啟示，認為神蹟乃是有效宣教的一個不可或缺的部分。而密契主義則說，透過屬靈經歷或默觀的練習，就可以認識上帝。

以上種種，都以各種經改良的形式，好端端地出現在福音派圈子中。這正是為甚麼路德的十架神學今天依然如斯重要的原因。我們怎樣認識上帝？這並非主要透過神祕的洞見，也不是透過神學上的智慧，或是超自然的異象，或是知識的話語，或是美麗的創造；我們乃是透過十字架的信息而認識上帝。我們怎知道上帝的大能？這並非首要透過理性的辯論，也不是透過醫治的神蹟，或是政治上的影響力，或是屬靈操練，或是現場的媒體，或是另類的敬拜，或是管理的技巧，或是超級教會（mega-church），或是激勵人心的領袖，或是社會理論。人類的智慧，無法識別上帝的智慧。我們乃是透過十字架的信息，認識上帝的大能。

這並不是說，理性的護教學沒有一席之地，而是說，它們必不可如此雄心勃勃。它們的角色，並不是去說服非信徒。理性的護教學要展示出的是：不信，是內心的問題，而不是頭腦的問題。人或會聲稱，阻礙著信心的是苦難的問題，或是難以置信的神蹟，或是其他宗教的存在。理性的護教學的角色，就是要說明這些並不是不信的真正原因，它要除去種種藉口，展露那些叛逆的心。

再者，就如經驗往往展示的，重要的，通常不是我們所給予的答案，而是我們回答人時所持的親切和恭敬態度。就如有人最近寫信給我：「與安迪（Andy）查經後，我被一個非基督徒的見證深深吸引著。他談及很多安迪何等友善和有耐性的事情。最初我認為這並不理想——畢竟福音並不是關於安迪的！但是，想深一層，事實上人聽到福音，也許是因為安迪尊重人、易親近、願意付出和愛人。這令福音的信息更加可信。」

十字架的信息和後現代主義的限制

現代性是以下述的假設作前提的：人類可以透過理性的探問發現真理。差異，是基於不同程度的無知或非理性。透過科學探究和理性的辯論，人類最終會得到一個對真理的共同理解。

後現代性（postmodernity）反抗這觀念是正確的。後現代主義拒絕它，是因為人類是有限的和不可靠的。後現代主義正確地辨識到，真理的宣稱往往與知識一樣，都包含了權力的行使。在這一點上，它反照出基督教的理解：叛逆的心比無知的心，對理解構成更大的阻礙。後現代主義質疑絕對真理的宣稱，認為那只是在別人身上行使權力的方式。在較徹底的後現代主義形式中，它質疑整個絕對真理的觀念。更多時候，它質疑人類是否可以合法地宣稱認識到絕對真理。留下來的，只是不同的視角，而它們全都同樣有理有據，又或是其正確性是無法證實的。這種對真理之拒絕，並非無的放矢。啟人疑竇的是，真理是對權力的行使。真理是由那些手握權力的人所塑造的，為要鞏固他們的地位和財富。在真理的手套裏面，是掌握權力的拳頭。

對於真理被權力敗壞這一宣稱，有些基督徒的回應是否定問題的存在，又或者聲稱情況並非那麼壞。在某程度上，這是因為很多基督徒屬於享受著現成利益的社會集團，而這種公認的傳統智慧對他們有利。他們樂見現存的真理觀不受挑戰——無論是為大財團護航，還是對尋求政治庇護者的謬見的堅持，還是替政府的外交政策說項。

但是，真理的確是被權力敗壞了。後現代的主張是有根有據的。然而，問題是後現代的解決方法行不通。拒絕真理是行不通的。真理被當成是權力的工具而被拒絕，但漠視真理只會為權力大開方便之門，再沒有任何東西可以抵擋權力，再沒有任何值得為之而戰的了。

筆鋒可能比刀劍更有力，也可能不是；但是假如你連筆都拿走了，餘下的就只有刀劍。後現代人害怕強制性（coercive）的真理宣稱，但是假如你連真理都拿走，就只剩下純粹的強制了。

因此，假如要正確地運用權力，那麼我們就需要權威，那是我們所有人都要向它問責的。在啟示錄四章，約翰看見「天上有門開了」（啟四 1）。他帶我們走到歷史場景的背後；我們在那裏看見上帝的寶座被天上的一切光輝環繞。這一章以大聲呼喊作結：「我們的主，我們的上帝，你是配得榮耀、尊貴、權柄的；因為你創造了萬物，並且萬物是因你的旨意被創造而有的。」（四 11）上帝終極的真理和上帝的權力，提供了鑑別的方式和準則，可以衡量其他一切真理宣稱。啟示錄是寫給在羅馬帝國權力下生活的基督徒的。這是「永恆羅馬」（eternal Rome），管治著世界。在羅馬找到一些刻在牆上的字寫道：「羅馬——你的權力永不終止。」我們不知道這是羅馬權力下一個受益者驕傲的聲稱，還是其中一個受害者絕望的呼喊。但是，約翰揭示了羅馬的權力將要結束。耶穌——不是羅馬——才是首先和末後的那一位（一 17）。在羅馬權力之上有一更大的權力。有一更大的真理，超然於羅馬所宣傳散播的思想之上。要對抗掌權者誤用真理，我們需要更多真理，而不是更少。我們需要重新發現終極的真理：上帝的主權。

在啟示錄五章，約翰看見那坐在天上的寶座的那一位。他看見「有羔羊站立，像是被殺過的」(啟五 5～6)。羔羊的帝國不是強制性的，因為它建立在它的君王捨身受死之上。我們的君王，是為了祂子民獻上了自己生命的那一位。我們宣告的真理，是犧牲的愛、而不是強制性的權力的行使。

誰從寶座上統管萬有？誰配打開歷史的書卷？誰是終極的權威？是羔羊，是曾被殺的那一位，是為我們獻上自己生命的那一位。這是使我們得自由的真理。我們可以認識上帝，並因而認識絕對真理，因為上帝已在祂的兒子裏和透過祂的聖靈將自己揭示出來。而就如我們所見，這並不是一個驕傲自大的宣稱，因為它並不是倚仗我們的智慧，而是依靠上帝的恩典。上帝在十字架上的啟示，毀滅了人類的虛榮，人沒有自誇的餘地。

十字架的羣體和關係性的護教學

這樣，人拒絕認識上帝，並不是因為他們無法認識上帝，而是因為他們不願認識祂。最根本的，並不是頭腦上的認知問題，而是內心的關係性問題（relational problem）。這對護教學有深遠影響。丹麥哲學家齊克果（Søren Kierkegaard）說：

> 人嘗試說服我們，反對基督教是源自懷疑。反對基督教，其實源自不順從、不喜歡順服、反

> 叛一切權威。結果，人至今還是白費氣力，與反對的理由搏鬥，因為他們在知性上與懷疑鬥爭，而不是在道德上與反叛作戰。[12]

現代基督教發展出一套理性的護教學。我們以理性去證明上帝存在，從而與現代社會對話。我們提供科學性的數據，為上帝的創造辯護；我們為苦難衍生的問題，發展出合理的回應。這一切都假設了，現代人認為基督教信仰在知性上是脆弱的。但是，這個問題並不是一個知性上的問題，而是內心的問題——拒絕活在上帝的掌權下。我們拒絕上帝，這是一個關係性的問題。而假如這是一個關係性的問題，就需要關係性的護教（relational apologetic）。

能夠頌揚福音的，是順服福音的生活，以及羣體的生命——這個羣體，能反映出上帝的愛的三一羣體（God’s triune community of love）。除非人對探索有關上帝的真理，坦誠開放，否則人不會相信。當他們看見認識上帝是多麼美好，他們就會變得開放。而當他們看見基督徒羣體的愛，就會發現認識上帝是多麼美好。就如薛華（Francis Schaeffer）說過的：「我們彼此的關係是世界用作衡量我們的信息是否真實的準則。基督徒羣體就是終極的護教。」[13]

就如我們所見，新、舊約聖經的宣教學範式（missiological paradigm），是一個羣體吸引列國到上帝那裏。蛇在伊甸園説謊，牠説上帝的管治嚴苛和獨裁。相信謊言，人就拒絕上帝的管治。因著拒絕上帝的管治，我們就拒絕認識上帝（羅一21）。上帝的子民要藉著順服上帝的話語，成為在祂管治下生活的楷模。當他們這樣做，列國就會看見上帝的管治可帶來生命和祝福。萊特説：

> 以色列的社會形態……是上帝呼召他們持續存在的一個核心組成部分。上帝透過以色列要傳遞的救贖信息，不只是言語上，也是可見和有形的。他們，這媒介本身，就是信息的一部分……當他們活出律法要求的國民和社會生活質素……配上其自由、公義、愛與憐憫等偉大和弦，他們就成為上帝聖潔的祭司：作為一個國家，在萬國之中、為了萬國。[14]

在彼得前書二章9節，彼得把出埃及記十九章4至6節的用語，套用在教會身上：「惟有你們是被揀選的族類，是有君尊的祭司，是聖潔的國度，是屬上帝的子民，要叫你們宣揚那召你們出黑暗入奇妙光明者的美德。」上帝將律法賜給以色列，藉以闡明成為祭司的國度和聖潔的國度是甚麼意思。上帝的掌權是藉上帝的話語來表達的，而當他們在上帝的掌權下生活，他們就會吸引萬國歸向上帝。現在，彼得説，教會就是那個祭司的國度和聖潔的國度。而他們「在外邦人中，應當品行端正，叫那些毀謗你們是作惡的，因看見你們的好行為，便在鑑察的日子歸榮耀給上帝」(彼前二 12)。保羅吩咐提多要如此教導僕人，以致「凡事尊榮我們救主上帝的道」(多二 10)。

「護教學」(apologetics)一詞，來自希臘文詞彙，解作「辯護」或「回答」。這是彼得前書三章 15 節所用的詞彙：「只要心裏尊主基督為聖。有人問你們心中盼望的緣由，就要常作準備，以溫柔、敬畏的心回答(*apologia*)各人。」護教學要回答的問題，是我們生命所引發的問題，這並不只關乎基督徒如何活出敬虔的生活和做好事。在舊約聖經裏，這是立約羣體(covenant community)的生活，為要成為列國的光。而在新約聖經裏，這也是羣體的生活，為要頌揚福音。

姓名：阿拉斯代爾

職業：半職超級市場員工

教會：艾貝的會眾之家

對阿拉斯代爾(Alasdair)來說，生命是過去與現在之間的差異。昔日每星期有六至七晚喝酒或吸毒；現在則是籌備活動，爭取傳福音的機會。昔日遠離羣眾，並希望尋找生命的意義；現在則成為一個基督徒羣體的一分子，並嘗試幫助別人。

阿拉斯代爾幾年前成為基督徒，此後，他的生命出現了一百八十度轉變。現在他刻意在一間超級市場擔任半職工作。他用工餘的時間與會眾聚會，鼓勵他們；他又積極策劃社交活動，幫助基督徒接觸不認識耶穌的人。「我會打電話、發短信或發電郵，會統籌不同活動，例如在酒吧舉行卡拉OK之夜、問答比賽，或是去看電影，」他說。「我有足夠的時間工作，而假如會眾之家的人需要我，我也有足夠的時間給他們。」

而且，阿拉斯代爾不再視工作為工作。他的兩位同事約翰（John）和麗貝卡（Rebecca）都是基督徒，他也會花時間在信仰上鼓勵他們。「約翰和我，至少每週在工作以外見面一次，」他說。「我們彼此鼓勵，並看看聖經可以怎樣幫助我們面對自己的工作。而我們每逢星期二都會在員工飯堂一起吃午餐，使我們可以與其他同事建立關係。」

最初，阿拉斯代爾從一個與他在慈善團體共事的女人那裏聽到福音。他親口承認，那時候他想結識更多朋友，並感到他彷彿想成為某些有意義的東西的一分子。「當我成為基督徒後，我發現上帝的大家庭如今就是我的家，」他說。「我的父母見到我的改變，感到很高興，但是他們自己並不想改變。」

但是，他的父母總會參與卡拉OK之夜。這是他們有機會遇見他另一個「家」的地方。論到唱歌，阿拉斯代爾深知，他並不是《英國流行偶像》（*UK Pop Idol*），但是他說他會為了福音的緣故，拿起麥克風。「你可以說我是為了耶穌歌唱！」他笑著說。

在馬特爾（Yann Martel）奪得布克獎（Booker Prize）的小說《少年Pi的奇幻漂流》（*Life of Pi*）中，一大批動物由印度運往加拿大，途中船隻突然沉沒。這本小說從動物園主人的兒子派（Pi Patel）的角度記敘這個故事。派述他怎樣跟一隻鬣狗、一匹斑馬、一隻猩猩，以及一隻重四百五十磅的孟加拉虎，待在一艘救生船上，一起漂流。他詳細解釋了他怎樣和老虎在海上一起度過了幾星期，後來他們被沖到墨西哥岸邊。在小說結束時，兩個日籍保險調查員要求他講另一個故事。在這個故事裏，他與他的母親、一個廚師和一個水手一同在救生船上。這是一個關乎殘暴和謀殺的故事。哪一個故事才是真的呢？兩個都符合二人眼前的事實。最後，派問：

「你喜歡哪個故事呢？哪個故事比較好？是有動

物的故事，還是沒有動物的故事？」

崗本先生（Mr. Okamoto）說：「那是個有趣的問題……」

千葉先生（Mr. Chiba）說：「有動物的故事。」

崗本先生說：「是的。有動物的故事是比較好的故事。」

派說：「謝謝你。對上帝也是這樣。」

〔沉默〕[15]

我們需要說服人，我們的故事——即上帝的故事——是真實的。要是我們能夠先說服他們，我們要說的故事可能是比較好的故事，也只有這樣，他們才會探索它包含的真理。我們需要對準他們的心，接著才可以開始處理他們頭腦上的問題。湯慕臨論到帕斯卡時說：

對帕斯卡來說，向人遞上一系列論證以證明基督教是真確的，或者遞上信仰的證據，也許是浪費時間。假如有人根本不想相信，任何論證（或引證經文）都無法說服他。而即使他被說服了，他所信的，也不會是基督教的上帝，而是帕斯卡所說的「哲學家的上帝」。因此，說服人相信的重要因素，並不是提供證據，而是先喚醒在他們裏面的對上帝的渴慕。換言之，向人讚揚基督教時，「讓基督教成為有吸引力的，叫

> 好人希望它是真實的，並表明它是真實的」。對基督教來說，這些主張可以說服那些盼望它是真實的人，卻永遠無法說服那些不這樣想的人。[16]

我們有一個更好的故事，是比任何其他選擇都好的。我們需要喚醒渴慕上帝的心。我們需要令人盼望基督教是真實的。那樣，我們或許能夠說服他們，基督教是真實的。

註釋

1. 引於 Friedrich Paulsen, *Introduction to Philosophy* (Holt, 1922), 10。
2. Stephen Williams, *Revelation and Reconciliation: A Window on Modernity* (CUP, 1995), 8.
3. Friedrich Nietzsche, *Beyond Good and Evil,* 引於 Williams, *Revelation and Reconciliation*, 9。
4. Aldous Huxley, *Ends and Means* (Chatto & Windus, 1937), 272～273.
5. 其他例子見 Tony Payne and Phillip D. Jenson, *Pure Sex* (Matthias Media, 1998)，第四章。
6. Friedrich Nietzsche, *The Gay Science*, trans. W. Kaufmann (Vintage Books, 1974), III.125.
7. Guy Deutscher, *The Unfolding of Language* (Heinemann, 2005), 引於 Deborah Cameron, "Forked Tongues," *The Guardian Review* (2 July 2005), 14。
8. Graham Tomlin, *The Power of the Cross: Theology and the Death of*

Christ in Paul, Luther and Pascal (Paternoster, 1999), 241～242.

9. Tomlin, *The Power of the Cross*, 249～250.
10. Richard Sibbes, "The Bruised Reed and Smoking Flax," in *Works of Richard Sibbes Volume 1* (Banner of Truth, 1973), 89.
11. Sibbes, "The Bruised Reed and Smoking Flax," 82.
12. 引於 Williams, *Revelation and Reconcililation*, 6。
13. 引於 Randy Frazee, *The Connecting Church* (Zondervan, 2001), 85。
14. Christopher J. H. Wright, *Living as the People of God* (IVP, 1983), 40～41.
15. Yann Martel, *Life of Pi* (Canongate, 2002), 317.
16. Graham Tomlin, *The Provocative Church* (SPCK, 2004), 12.

12
兒童和年輕人
Children and Young People

根據一九九八年英國教會出席率普查（English Church Attendance Survey），英國每星期約有一千名年輕人步出教會門口，不再回頭。縱然教會投放資源在青年和兒童事工上，這樣的出走還是不斷發生。基督教報章的招聘廣告中，有很大部分的「支援」事工空缺，是為青年和兒童工作者而設的。在過去幾十年，教會事實上對青年人克盡己任，並準備好把金錢花在青年人身上。至少，這個發展趨勢給我們帶來了契機，可以謙卑地重新評價我們在兒童和年輕人當中的事奉。

當一個情況持續了好一段時間後，便很容易假定它是必然的。人以為「就是這個樣子吧」，是因為「它一直是這個樣子」，這與主張「它必定是這個樣子」相去不遠。即使只簡單看看文化對年輕人的態度的轉變，就知道這種觀點是站不住腳的。

青年工作的起源難有定案。雷克斯（Robert Raikes）創立的主日學，可以是一個例子。基督教青年會（YMCA）則於一八四四年創辦。它們都回應了社會和屬靈的需要，並以一個清晰的福音焦點開始。到了十九世紀末，提倡青年制服團隊的組織，開始成為傳福音的途徑，而類似基督少年軍（Boys' Brigade）的羣體，則使用團級的方式訓練年輕人和傳福音。

進入二十世紀，美國心理學家賀爾（G. Stanley Hall）開始發展青春期的理論；來到二戰後的那段日子，以及所謂嬰兒潮世代——這世代視「青年」（youth）為一個概念，同時視「青年工作」真正長大成人了；也就在這個時期，「發明了」青少年（teenagers）這詞彙。

在五十年代，年輕人開始被視為一個社會「問題」，愈來愈多少年人犯罪，一個所謂的「青年文化」以及特定的「青少年消費」，也告出現。這驅使政府在一九六〇年委任阿爾伯馬爾委員會（Albemarle Committee）處理英國和威爾斯的青年工作條款（youth work provision）問題。這份報告是青年工作策略和條款的分水嶺。隨之而來的，是將資源投放在專業青年工作者身上，並發展青年中心，鼓勵年輕人凝聚成一個獨特的羣體。從那時開始，基督教青年工作基本上參照了這種進路，並一直這樣做下去。

但是，對這份報告的假設的質疑，愈來愈多。當代的證據顯示，大部分年輕人不是屬於一個獨特的次文化。「青年」，並不是指某個年齡組別，更多是關乎理想或取向。看看有多少青春期前的孩子（pre-teens）（以及二十多歲的人！）被鼓勵對時裝和音樂的「青年市場」照單全收。杰夫斯（Tony Jeffs）和史密夫（Mark Smith）主張，愈來愈難把「青年」視作一個有意義的歸類。他們也主張，依附在「青年」這個類別的「青年工作」的概念，可能會漸漸式微。[1]

白賴恩（Brian）筋疲力竭地倒在椅子上。那是晚上十一時半，他剛從另一個星期五晚俱樂部回來。他被聘任為一間教會的青年工作者已有六個月了。那是很好的一個晚上。差不多有三十個孩子出席，約有一半來自非基督教家庭。遊戲如常進行，非常順利，大部分人都有參與，雖然有好幾個孩子眉來眼去。樂隊也十分出色。有些孩子非常投入，有些則感到有點格格不入——但你總無法滿足所有人。演說還可以。他一直努力適應青年人的文化。他用一個故事做開場白，大致上能吸引他們，雖然如往常一樣，當他進到基督教的實踐時，大部人都坐立不安。是的，一切都很好。但是，他不禁懷疑，他到底做了些甚麼。

為年輕人提供有趣的活動，於社交而言，是有點好處的。很多父母都喜歡，因為他們害怕其他選擇。他們寧可讓自己的孩子待在教會，也不想他們在街上流連。但是，它有透過福音培育年輕人、並建立基督的教會嗎？若成功做到，那大多都是生發於這些活動的邊緣——關係的建立和接下來的即興對話。有另一種選擇嗎？

年輕人和上帝的話語

> 因著相信用流行文化外衣包裝的信息，是吸引青少年到教會聚集的方法，很多牧者都淡化了宗教的內容，高舉娛樂。但是，近年教會開始為他們的年輕人提供一個以研經為基礎的信仰指導，並教授所屬宗派的教義。他們的改變，是源於察覺到八〇年代和九〇年代初，流行一時並被糖衣包裹著的基督教，已導致愈來愈多孩子不單單不再參與青年團契活動，更完全拒絕踐行他們的信仰。[2]

這並不是一個保守的評論者的結論，而是摘錄自《時代雜誌》(*Time Magazine*)的一篇概覽美國基督教青年工作的文章。

把一羣正值青春期的青少年安置在一個地方，並叫他們參與活力十足的遊戲，然後期望他們安安靜靜聽一堂聖經課，是多麼不切實際！我們很容易以為，吸引的活動是青年工作成功的關鍵；我們很容易以為每週的出席率是衡量成功的標準。但是，上帝乃透過祂的話語作工。青年工作成功的關鍵是聖經。這是上帝在年輕人中作工的方式。衡量成功與否的方法，不是出席率，而是他們生命中結出的福音果子。

> 安芝（Angie）筋疲力竭地倒在椅子上。那是晚上十一時半，而她剛與哈娜（Hannah）、崔絲（Tracy）與崔絲的朋友嘉芙（Kath）從另一個星期五晚俱樂部回來。她與哈娜和崔絲每週見面，已有好幾個星期了。有時候她們會去逛街，有時候她們會去喝咖啡，也有幾次她們一起看電影。之後，她們會回到安芝的公寓查經。祖（Jo）最初也是這個小組的一分子，但是後來她沒有興趣繼續下去。哈娜和崔絲則十分熱心——至少大部分時間是這樣。而這星期，崔絲也帶了她的朋友嘉芙同來。安芝很興奮。對崔絲來說，在學校被接納是件大事兒，因此，邀請嘉芙出席，對她來說是重要的一步。安芝花了一點時間為她們三人祈禱，之後就蹣跚地爬到樓上睡覺。

白賴恩比安芝接觸到更多年輕人。但是，這不等於是福音的接觸（gospel contact）。數字顯示，白賴恩的效率更高。但是，假如我們相信福音改變生命，那麼安芝的工作就更加重要。她的進路，好比保羅在帖撒羅尼迦前書二章 8 節的進路：分享話語和分享你的生命。

年輕人和基督徒羣體

比較白賴恩以青年為中心的進路與以下一個真實的故事：

> 保羅（Paul）獲悉要帶領教會一個小組時，感到有點震驚。他感到自己還未裝備好，而想到要負責一個這樣多元的小組，實在有點懼怕。他知悉這個小組只會隔週聚會一次，而教會的領袖也承認這只是一個「實驗」小組，他才感到寬心。這肯定是破格的。他不是教會生活的新手，但他從未見過年齡和背景落差如此大的組合。小組只有十四個人，但當中包括了青少年、學生、失業者、專業人士和釋囚。結果他們的聚會十分有趣，他們的社交活動也是如此。當那些青少年知道有這個小組，起初不為所動。但是，他們很快就熱中起來，非常投入。他們期待有機會與小組內貧困的人做朋友，並服事他們。在三個月內，定期聚會的人數增長至約二十五人；再過兩個月，他們已成

> 為一間新教會的班底；在第一個主日，更有三人受洗。增長率現在已經慢下來，也出現了各方面的牧養困難，但這最終成為年輕人作門徒的好場景。教會和宣教已成為他們的預設系統（default settings）。

這個以羣體為中心的進路吸引人之處，是它不會被看為青年工作，但結果卻成功地與年輕人攜手並肩。它也不是一間「青年人教會」，因為當中從青少年到中年人都有。人們往往認為，朋輩是青年事工的關鍵。我們的朋友最近離開了他們的教會，因為在那裏青少年不多，他家的孩子缺少朋輩。當他們離開後，其他有青少年孩子的家庭，也相繼離開。失去幾個家庭，對這間小型教會是很大的打擊。但按我們的經驗所得，比朋輩關係更重要的，是青少年與那些比他們年長、卻比他們父母年輕的基督徒所建立的關係——那些成人不一定是「青年工作者」，但他們委身於年輕人，就如他們委身於教會內其他人一樣；並且他們活出了福音的生活，使年輕人感到他們是屬於基督徒羣體的一分子。

這是教會要嚴肅看待的。把年輕人融入福音羣體那充滿活力和多元化的生活，這目標至為關鍵。這有多重好處。年輕人屬於教會這個大家庭，因此他們是一複雜關係網的一分子，他們會為這個大家庭作出貢獻，也會從中得益。當然，年輕人很自然會花時間與其他年輕人相處，但是教會並不是一個「自然的」組織。教會是一個現象，只能透過聖靈在基督的福音中運作的恩典（operative grace）來解釋。年輕人作門徒的一部分，就是鼓勵和裝備他們願意有分於一羣多元的會眾。

更廣泛的羣體，也有助傳福音給年輕人。當然，最好是把年輕人安置在能接觸朋輩和福音的地方。但是，就如我們所見，使人顯露於福音羣體，乃是有效佈道的一個關鍵要素。

以這個整合的進路接觸年輕人、並使年輕人作門徒的另一個好處，就是他們將有助建立羣體的實際模樣。當領袖為教會生活作規劃時，要主動將年輕人納入其中。年輕人之所以重要，並非因為他們是「明日的教會」，而是因為他們是今天教會的核心組成部分。當教導上帝的話語時，年輕人同樣需要明白；他們需要聆聽「在基督裏的真理」怎樣改變他們的心思、他們所崇拜的、他們所掙扎的、他們所歡喜的。就著向聚集的會眾教導上帝話語這一主題，聽聽路德有甚麼話要說：

> 當我宣講時，我不會望向醫生和官員——這間教會約有四十個這樣的人。我會望向人數眾多的年輕人、兒童和僕人——有超過二千個這樣的人。我向這些人講道之時，謹記著他們的需要。假如其他人不想聽這一套，那麼，他們可以隨時離開！一個正直、敬虔與真正的傳道

> 者，應該向那些貧窮、單純的人講道……當傳道者向我說話，他們可以炫耀他們的學識——他們最好祭出他們的王牌！但是，在他們的公開講道中大談希伯來文、希臘文和拉丁文，就代表他們只是在炫耀。[3]

究竟我們有多願意應用這個進路去教導福音的話語，標示著我們的福音工作是滿有動力的，還是流於理想化。假如我們謹記，聖經的教導是對應所有人的，那麼，如果非基督徒在場，他們亦可能更容易理解。

但是，年輕人並不是被動的聽眾。要使教會成為其蒙召之所是，當中年輕人扮演了關鍵的角色。上帝按著會眾獨特的生命和形態，給他們護佑導引（providential direction），而年輕人的存在，應被視為這導引的一部分。年輕基督徒蒙召成為上帝和其他人的愛人，就如其他基督徒一樣。門徒的權利和責任，對他們來說都是適用的，就如其他信徒一樣。因此，他們的事奉是他們所屬的本地教會的事奉的重要一環，而福音也呼召他們成為僕人，就如其他人一樣。

福音羣體裏的兒童

我們往往會問，教會植堂時要怎樣看待那些兒童。一所小型教會，怎會有高效的兒童事工？我會以一所我認識的教會的真實故事來回應這些種問題。每個星期天，他們都在教會建築物旁的學校舉辦一間「兒童教會」。不同家庭一起到來，而十六歲以下的兒童都會上兒童教會，而成人則上成人教會。聚會結束後他們才再次碰面。這種安排對兒童和成人都十分適切。兒童有一個切合他們需要的有趣活動，而成人則可以不受坐立不安的兒童騷擾。但是，到了十六歲，所有兒童都離開了教會——包括我的其中一位同工，他後來在另一間教會決志成為基督徒。兒童沒有準備好進入成人的教會。

其他教會則鼓勵兒童一直與成人一起聚會，期望他們可以像老成的小大人一樣檢點。自幼就接受這種訓練的兒童，或許可以做得到，雖然我有一個朋友承認，她已學會不去聽道，並發現當她長大後，這個習慣難以戒除。但期望未加入教會的家庭這樣做，實在不切實際——他們的家庭生活可能太過混亂，無法配合這種訓練模式。假如你的教會總能叫兒童在講道時保持安靜，那麼，可能是因為你們無法跨越其他社會隔閡罷了！

在我們的處境裏，我們每星期都要與代溝搏鬥。每星期，我們都在竭力使我們所做的事，是兒童可以明白、也切合成人需要的。我們這些成人，往往無法拿捏得好：兒童不會跟隨所有程序，而我們時常要忍受吵吵鬧鬧的兒童。但是，我寧可每星期都面對這樣的掙扎，而不是將它掩藏起來，至終造成一道無法跨越的文化鴻溝。

最重要的是，在與兒童攜手並肩時，要保持對福音的話語和福音的羣體的雙重效忠。

假如教會對上帝話語的委身是既正式又有活力的話，兒童和成人受教於真理時，就要服膺於真理的權威。當兒童看見他們的父母和其他人認真看待聖經，並同時努力理解和遵行之，這對他們必定有幫助。其中一個方法，就是給兒童安排一個與成人一樣的教導課程。每個組別都按著他們的理解力來施教，但是教會整體乃是被福音所形塑。有一間教會，在主要的教導環節裏，讓兒童和成人混在一起，之後當會眾分散到應用小組時，再為兒童安排一個特定的小組。兒童們由一位成人帶領，他會鼓勵他們認真看待教導，並讓教導特特影響他們的心思以及所關注的事情。負責教導會眾的人，必須努力使人明白一切。那種操練，確保了任何年齡的人來到，縱使不懂聖經，卻仍能明白大部分內容。

「上帝在哪裏？」

「上帝無處不在。」

「那麼祂是在我的肚子裏嗎？」

「噢……是的……唔，也不是……唔……」

我想起與女兒這番對話的原因，是其中一個反對將兒童融入羣體生活的常見理由——輕忽了那些較年長的基督徒的需要，剝奪了他們與真理認真對話的機會。

但請留意，就是兩個神學學位都不足以裝備我去回答一個三歲小孩提出的形而上問題。兒童及非信徒就這些問題的提問，迫使我們要超越我們那些看似博大精深、卻留於表面的答案。我們的術語，解答不了問題。再者，「累人的」講章——著重經文細節、以增長知識為目的本身——再無法滿足我們。單純地述説的福音和單純地教導的聖經，凸顯了我們需要做的，全是為了敬虔地順服話語以及誠心實意地回應話語。最重要和最嚴肅的詮釋學問題，並不是理解的問題，而是罪——當聖靈用祂的話語感動我們，我們卻頑固地拒絕順服祂。有一個記者向神學家巴特問到，他會怎樣總結他出版了的數以百萬計的文字。他毫不猶豫地回答：「耶穌愛我我知道，因為聖經告訴我。」[4]沒有甚麼比這更簡單。然而，任何一個真正的上帝兒女，甚麼年齡也好，他都可以耗盡所有時間來默想真理的深度及其含義，卻永不能窮盡它的意思。

把兒童融入教會生活，與教會是大家庭這一理解是一致的。德來福爾（John Driver）説：「家庭的意象是理解教會的本質和使命的一個主要聖經形象⋯⋯耶利米亞斯（Joachim Jeremias）稱這個隱喻為『耶穌最愛用的意象』，用以指稱上帝的新人類⋯⋯在保羅的思想中，家庭這一意象，在對彌賽亞羣體的本質和使命之反思之中，佔據了首要的地位。」[5]

我們在自己的教會中，有一個簡單的經驗法則（rule of thumb）：假如我們一家人會做這件事，我們就可以以教會的身分去做；假如我們一家人不會做這件事，為甚麼要以教會的身分去做呢？我們無意涵蓋所有可能會發生的事，但這對維繫簡潔有序的教會生活，以及對於給予大家空間，跟人建立關係和從事前線福音工作，都證實是有效的。但這些實際好處，只是一個大家欣喜的結果罷了——教會是大家庭這一原則，才是首要的。世代之間的相互責任，是家庭生活的規範以及傳遞價值觀的途徑，那教會豈不應也以此作規範嗎？當那些關係隨著年月加深，而在兒童進入青春期之際，那些代際間的友誼，就可以成為傳播恩典的有力途徑。每星期都有數以百計的人離開我們的教會、不再回頭；在上帝的旨意裏，這些友誼，可以成為防止年輕人加入離開教會大軍的途徑。

註釋

1. Tony Jeffs and Mark Smith, “The Problem of ‘Youth’ for Youth Work,” *Youth and Policy* 62 (1999), 45～66.
2. Sonja Steptoe, “In Touch with Jesus,” *Time Magazine*, (31 October 2006).
3. 摘錄自 Martin Luther, *Table Talk* (H. G. Bohn, 1857), CCCCXXVII。
4. Mark Galli, *131 Christians Everyone Should Know* (Broadman & Holman, 2000), 48.
5. John Driver, *Images of Church in Mission* (Herald Press, 1997), 139.

13 成功 Success

當我們一起駕車時，他滿臉挫敗。我與一個牧者共用這輛車。他那間約有八十人的教會最近植堂，建立了一羣新會眾。他們市鎮的另一個地區，沒有一間福音派教會。他們深信，教會植堂是得著這個地區的最佳方式，並因此花了一筆對他們來説頗大的金額，到那裏植堂。但是，他們的計劃遭福音派圈子內一個知名人物強烈反對。他那間數百人的教會正位於鄰近的市鎮，當中有好些人是從植堂目標地區駕十五分鐘車來到他們那裏聚會的，而他不想自己的教會受影響。「他認為他很成功，」我的朋友滿腔怒火地説。「因為他有一間正在增長的五百人教會。但是，他們並沒有傳福音給所有人。他們只是四處吸納基督徒。」

假如我們要透過教會植堂有效地傳福音給我們的城市和市鎮，那麼我們就需要一個截然不同的成功模式。

我們對成功的觀念，有太多是屬於這個世界，而不是屬於我們所敬拜的上帝的。我們根據數字、預算、外表、員工、名望來量度成就。我們不會愚蠢到以為，領最高薪資和開最耀眼汽車的教會領袖，是最成功的；但是，我們與下述的想法相距不遠：坐擁最龐大的會眾和帶領最耀眼的星期天崇拜的教會領袖，是最成功的。以下的真實對話，是在添美斯參與的一個研討會的組織會議時出現的：

添美斯：我們可以邀請 X 來發表演說。

委員會成員：我不認同。他的會眾還不夠大。

添美斯：你是甚麼意思？

委員會成員：人只想聽擁有龐大會眾的成功講員演說。

添美斯：讓我弄清楚你說的是甚麼意思……這樣看來，你不會讓我發表演說，因為我帶領一間小小的植堂教會。但是，假如明天我帶領一所有幾百人的教會，那麼你就會讓我發表演說？

委員會成員：是的。

添美斯：即使我個人沒有任何改變，也沒有做過任何新的事情？

委員會成員：是的。

在這一章，我們會看看：

- 兩個互相較量的增長模式：較大的會眾（larger congregations）對較多會眾（more congregations）；
- 兩個互相較量的領導模式：表演式的領導對授權式的領導（enabling leadership）；
- 兩個互相較量的成功模式：榮耀的教會對十字架的教會。

兩種增長模式：較大對較多

人重視大教會，因為大小是我們量度成就的標準。但是，我們必不可將大與成功混淆；我們也不應把小等同成功！就如我們已說過的，小組較易將新約聖經的「彼此」命令實行出來。但是，雖然我們偏好小型教會，但我們無意主張大型教會是錯誤這種看法，也無意否定它們所做的美好福音工作。我們也察覺到，有些事情，大型教會做得比小型教會更有效。讓我們為福音工作存在著不同模式獻上感恩。

但是，我們想質疑的是：大**必然**較好這個假設。較大的會眾有時候——決不是時常——有可能最終有兩方面缺失：

福音方面的缺失

要創建龐大的會眾，其實並不太困難。保羅告訴了我們怎樣做。你只要讓人「隨從自己的情慾」，並說一些他們「發癢」的耳朵想聽的話就可以了（提後四 3）。每個星期天以一場精湛的表演娛樂會眾。不要以他們的罪有多深重為焦點，也不要論到以十字架為中心的門徒身分的代價。無論你做甚麼，都不要挑戰他們心裏的情慾。相反，發表一些如何實現那些情慾、並在生活中取得成就的講道。或者，說一些逗人高興的故事，以一個虛空的樂觀主義刺激他們，這就更好了。這是擴展會眾的方法。

但是，保羅也告訴提摩太要保持儆醒。還有一個更敬虔的方法，是忠於福音的。提摩太「務要傳道！無論得時不得時」。他要持守「純正的道理」。他要責備、警戒和勸勉人，即使這意味著忍受苦難（提後四 2～5）。保羅如此囑咐提摩太，是因為「審判活人死人的基督耶穌」將要降臨（四 1）。基督的審判，並不是那些發癢的耳朵想聽的真理，這是真正的基督徒事奉不變的背景。我們必須以福音為中心，雖然四周的世界想以福音以外的一切為中心。這或會使我們不那麼成功——但是惟有當我們按著數字來量度成功時，才會這樣想。假如你按聖經角度來看成功——忠於基督和祂的話語——那麼以福音為中心就成為成功的定義了。

明顯地，大部分大型福音派教會依然忠於福音。大不等於不忠心。但是，保羅在提摩太後書四章的教導，的確提醒我們，數字不是衡量成功的可靠和充分的方式。

羣體方面的缺失

剛大學畢業時，妻子和我搬到倫敦郊區，並開始尋找教會。我們一個待在那地區的朋友正參加一間大型、廣為人知的福音派教會。他參加那間教會已經超過兩年。然而，他告訴我們，假如他離開了他慣常坐的座位，坐到教會的另一端，有人會問他是否新朋友。

聖經稱教會為家。它形容教會是一個一同分享（shares together）的羣體。教會是一個身體，它的成員完美地互相配合，彼此相屬。我們朋友的教會，既不是一個家，也不是一個羣體。它並沒有異象要介入其周遭的羣體。真相是，這間教會，並不是按著任何一種新約聖經所定義的觀念來建立的。我們朋友的教會只是一個講道中心。你駕車到它的巨型停車場，領取你每星期所需的宗教劑量，就如你到城外的超級市場，購買你每星期所需的食品雜貨一樣。

有生命的植物，就是會生長的植物。我花園裏的植物，若非在生長，就是在枯萎。同樣，有生命的教會是增長的教會。成員會在他們對上帝的愛和對彼此的愛中成長。非信徒會嗅到基督的香氣。但這樣的成長甚少一蹴而就，往往向前踏三步，又後退兩步。但是，成長是正常的。上帝的話語，會達到祂為它定下的目的。這樣，當人得蒙救贖，教會就在數字上增長了。

但是，數字上的增長，不必等同於較大的會眾。有另一個教會的增長模式：藉著教會植堂，教會日益成長。就如我們已說過的，教會植堂是最忠於聖經，又最有效的方法，讓我們的市鎮和城市認識基督。但是，教會增長要有一個不同的異象。假如我們以我們會眾的大小作為衡量自己的標準，植堂就總會遇上強大阻力。

兩種領導模式：表演對授權

牧者無法面對周而復始地表演的壓力，這樣的故事我聽得愈來愈多。我又聽聞牧者正在與罪和試探苦苦搏鬥，卻無法在他們的會眾中找到一個支援他們的人，使得他們要不住裝作若無其事。這個問題，有部分是出於大家將事奉看作表演。崇拜、講道、異象、行政、出版，都必須維持在高水平；而量度的標準，則不只是話語是否能塑造教會的生活及教會成員的生命。量度的標準是表演的質素。表演意謂著：某種崇拜和講道風格，而在不同的福音派傳統當中，風格實際代表甚麼，則各不相同。甚至連我們的建築物設計，也強化了這個信息：這裏有觀眾，也有表演者。

有另一種領導模式：是授權式的領導模式。在以弗所書四章 11 至 13 節中，保羅說：「他〔基督〕所賜的，有使徒，有先知，有傳福音的，有牧師和教師，為要成全聖徒，各盡其職，建立基督的身體，直等到我們眾人在真道上同歸於一，認識上帝的兒子，得以長大成人，滿有基督長成的身量。」保羅強調了那些宣講和傳遞上帝話語的人的角色，因為就如我們所說過的，於基督徒的成長和經歷中，話語是中心性的。但是，要留意的是，這些領袖沒有在教會中作上帝的工；他們的角色是裝備上帝的子民各盡其職。是上帝所有子民各盡其職，使基督的身體可以建立起來。[1]新約聖經的領袖，並沒有成全祭司和君王的角色，因為那些角色在基督裏已經成全了。耶穌是我們的祭司和君王，而所有信徒一同組成祭司的國度（彼前二9；啟一6）。我們一同作工，成為基督的身體。我們彼此同工，也為了彼此同工，以致我們可以一同長大成人，滿有基督長成的身量。

表演式的領導反映了一種領導的專業化，牧者往往是一個被帶到會眾當中的局外人（outsider）。假如他無法達到標準，那他就可以被取代。因此，星級表演者往往很受歡迎。最關鍵的，似乎是他們在訪問或在講壇所建立起來的形象：他們的「魅力」。但是，按聖經的準則，品格、而不是魅力，才是中心所在。保羅並沒有列出大學教育、演說技巧、個人魅力和互動能力，以之為重要因素（提前三章；多一章）。領袖是在日常生活中相信、教導和活出福音的人。只有長時間接觸他們的生命，才能將領袖辨別出來。他們是被承認的，而不是被委任的。他們是早已在教會生活中採取主動的人：與非信徒建立關係、鼓勵別人、樹立敬虔榜樣、在祈禱會禱告。

我委派人作領袖時所犯過的主要錯誤，就是一直都不曉得，惟有個人生活細節才能反映其品格如何。我們太容易被人的恩賜蒙蔽。舉例來説，單單是個出色的聖經教師，並不等於就是個好領袖。我們需要對誠信有期待。他遵守承諾嗎？他委身於他人嗎？他照顧他的家庭嗎？

在新約聖經，大家是從會眾中委任教會領袖的。他們先是教會成員，之後才成為教會領袖。而當他們成為領袖，他們身為教會成員這一點，並沒有改變。他們更多是羊，而不是牧羊人。人往往會問：「誰來牧養牧者？」有時候，他們會透過設立層級架構作回應。但是，這條問題預設了一種存在於牧者和會眾之間的錯誤區分。

我被我的會眾牧養。我的掙扎，通常是公開的，所有人都看得見。我可以坦承自己的失敗。與其他會眾成員一樣，我的一切罪衍並非都廣為人知，但有些人能洞悉我心中的偶像；他們會經常挑戰我，問一些我難以回答的問題。在這樣的處境當中，我有機會處理一些多年來沒有好好面對過的罪。而在這個過程中，我示範的並不是一個虛假的完美，而是「長進」（提前四 15）。我示範了上帝的恩典，而不是我的美善。我的領導絕不會因此受虧損；相反，是被提升了。人帶著他們的掙扎來找我，因為他們知道，我也是一個面對掙扎和領受恩典的人。

我感受不到「表演」的壓力，有兩個原因。第一，「成功」和「失敗」是人所共有的。我們都要為所發生的事承擔責任。我們使用第一人稱代名詞，而不是第二人稱代名詞：「我們可以做得更好」，而不是「你可以做得更好」。假如我粗心大意或者不敬虔，大家會質疑我；但我並不需要表演。第二，事奉，並不是在星期天進行的事件，它是以話語為中心的活動的一種生活方式；成功，並不是靠一篇道及一堂崇拜來審斷，它是按基督徒的不住長進，以及按著福音的契機來審斷的。

我使用了第一人稱，並不是為了吹噓自己的經驗；事實上，那往往都是混亂不堪的。我使用第一人稱，是要說明我所描述的，並不是無法實現的言辭，也不是不切實際的理想主義。我記得，曾與兩位教會領袖在吃午餐時聊天。起初，對於我們的教會不設內外的問責架構，他們十分關注。但是，當我與他們談到，我很享受每天要向我的會眾和其他教會領袖問責，並且有機會分享內心的掙扎時，他們的態度改變了。不多久他們就說：「我希望我們也有類似的做法，我們的問責機制多麼淺薄，我大部分時間都感到很孤獨。」真正的問責，更關乎關係而不是層級制度；真正的問責，需要羣體多於架構。可悲的是，那兩個教會領袖無法想像他們的情況會有任何改變。

沒有活動、架構或建築物的教會，可以令你脆弱；開放你的生命作領導，也會令你感到恐懼。但是，我們應該擁抱這份脆弱感，因為它迫使我們相信上帝全權的恩典。

我往往會這樣形容我們的教會：由混亂的人帶領的一羣混亂的人，這正是當你挪開表演和偽裝時出現的情況。表演和偽裝，被混亂的牧養問題取代。但是，這正是成長發生的方式，這正是展示恩典的方式。登山寶訓一開始時說：「虛心的人有福了！因為天國是他們的。」（太五 3）表演式的事奉，並不歡迎虛心的人，因為它會破壞虛飾。但是，上帝的國度是給虛心的人的。當牧養的問題出現，我不會想：「噢，不，又要解決另一個問題。」我會想：「可以服事虛心的人，是何等大的榮幸。這正是找到上帝的賜福之處。」

表演式領導的真正悲劇，在於它貶低了基督工作的價值。我們的身分，並不是植根於恩典，而是植根於我們事奉的成功。如此，當我們表演得好，我們就感覺良好；而當事情不順利，我們就感到失落。我們受制於別人的認可。我們關心的是要去證明自己，而這只是言説自義的另一種方式罷了。我們傳講在審判之日的因信稱義，卻沒有在我們日常生活中踐行因信稱義。我們的實踐神學已經與我們的認信神學脱軌了。我們的詩歌變成：

我心所望有所依靠
不只基督公義寶血
我有好處堪足自誇，惟全然靠我的名聲

或許有時主恩是我倚靠

但是，我們無法持續這樣。自義總是超過我們所能掌握的。我擅自更改穆特（Edward Mote）的詩歌的副歌：「立在基督堅固磐石，其餘根基全是沙土」，而「表演式的領導就是沙土」。

兩種成功模式：榮耀對十字架

我們很容易相信，我們最需要的是全國性的福音運動，或者是演出精湛的超級教會，又或者是吸引傳媒和有政治影響力。但是，耶穌說，上帝的國已給予祂的「小羣」（路十二32）。佔耶穌的未來的核心位置的，並不是全國性，也不是全球性的架構，而是細小、謙虛的教會：基督的小羣。上帝早已將滿有能力的、賜生命的上帝的管治賜給基督的小羣了。

就如我們所見到的，路德區分了榮耀神學和十架神學。榮耀神學在上帝行動的大能和榮耀中，尋求祂的啟示；十架神學則在十字架中看見上帝終極的啟示。藉著信心，我們在軟弱中看見十字架的大能，在愚拙中看見智慧，在羞辱中看見榮耀。這是宗教改革運動的神學方法論的基本原則。

我們需要發展出對「十字架的教會」（the church of the cross）的相應理解，而「基督的小羣」這片語乃是當中的意象。我們借用了卜仁納「十字架的教會」的用語，他說：「整個基督教歷史，以及整個世界歷史，會走上一條不一樣的路，假如十架神學沒有一次又一次成為榮耀的神學，而十字架的教會沒有一次又一次成為榮耀的教會。」[2]

教會時常被試誘，要成為榮耀的教會，無論是以宏偉的建築物、政治的影響力、全球性的架構、魅力型領袖，還是超級教會的形式出現。但是，與被釘十字架的基督的福音，以及由這一福音所塑造的門徒身分一致的教會進路，是一個十字架的教會論。這意味著在軟弱裏的力量、在愚拙裏的智慧、在羞辱裏的榮耀。這又意味著我們必須信任基督的小羣和上帝全權的管治，並且必須把精力投放在十字架的教會，即使這令人費解。

問題是「能力是在人的軟弱上顯得完全」，是如此反直覺和反文化，以致我們不相信。我們相信上帝會使用有能力的、重要的，以及令人欽佩的人。但祂並不是這樣。我們需要一個截然不同的觀點。我們需要棄掉我們對成功的屬世理解。我們需要棄掉我們沉迷於數字和大小的現代性偏見。我們需要顛覆我們對成功的看法，以致我們能把它們與上帝國度的觀點相一致。

> 〔耶穌〕又說：「上帝的國如同人把種撒在地上。黑夜睡覺，白日起來，這種就發芽漸長，那人卻不曉得如何這樣。地生五穀是出於自然的：

> 先發苗，後長穗，再後穗上結成飽滿的子粒；穀既熟了，就用鐮刀去割，因為收成的時候到了。」
>
> 又說：「上帝的國，我們可用甚麼比較呢？可用甚麼比喻表明呢？好像一粒芥菜種，種在地裏的時候，雖比地上的百種都小，但種上以後，就長起來，比各樣的菜都大，又長出大枝來，甚至天上的飛鳥可以宿在它的蔭下。」（可四 26～32）

在末日，看不見的東西將要被揭示出來（可四 21～23），而細小的東西要填滿全地。但是在這刻，上帝的國是隱藏的。它的擴展是看不見的。在世界眼中，它是細小的。我們需要信任上帝的話語和上帝的掌權。成功，並不是按著可見到的來定義，因為上帝的國度是看不見的。公義的冠冕，並不是賜給那些帶領龐大會眾的人，而是賜給那些好像保羅的人，即那些能夠說出這樣的話的人：「那美好的仗我已經打過了，當跑的路我已經跑盡了，所信的道我已經守住了。」（提後四 7～8）成功就是忠於基督和祂的話語。

我的一個基督徒朋友與倫敦貧民區的一個社工傾談。那個社工是一個馬克思主義者，因此他不特別認同基督教。我的朋友問他，教會有沒有在他工作的社區產生影響力，那個社工說：「假如你是指教會對公眾的一面——它的宣告、它的項目和它的倡議——那麼答案是徹底否定的。但是假如你拿走了這些基督徒所做的一切友好和愛鄰舍的行為——探病、替體弱多病而足不出戶的人購物等等——那麼，這個社區就會土崩瓦解。」世人通常都看不見這些。但是，這是上帝的國度在作工。拉丁美洲宣教學家帕迪拉（René Padilla）說：

> 我們基督徒在第三個千禧年的其中一個最大挑戰，是清晰地和實際地推行一個教會論，這個教會論視本地教會和尤其是窮人的教會為整全宣教（holistic mission）的主要施動者。這樣的論題，或許不會被那些以在窮人當中的「發展」工作為終身志業的人所接受。然而，這對於回應上帝的呼召，以及在盡量多的本地教會當中踐行整全宣教的任務，有重要的促進作用——也讓我們記住，世上絕大多數本地教會都是貧窮的，事實上也十分貧窮，以致它們可以成為「世上的鹽」和「世上的光」。[3]

宣教的未來，並不是建基於宏大的策略，也不是建基於宏大的架構。藉著數以千計的小型會眾，基督正在建立祂的教會，而當中有大部分是看不見的。這是教會的未來：復活的基督的全權和「窮人的教會」。

與學生和專業人士同工時，很容易會以為牧養問題可以透過仔細雕琢的論點來解決，或者宣教可以透過熟練的技巧來進行。但是，這是個假象，是一個曾令我心煩意亂的假象，因為我較多與邊緣人士同工，他們的生活比較混亂，而他們的反應也較難預測。但是，有另一個會眾領袖對我說：「與二十來歲而成就非凡的中產人士同工，實在使我心煩意亂！」無論我們身處任何環境，我們都要忠心和勤奮地服事，但惟有上帝才是「建造房屋」的那一位（詩一二七1）。我們完全倚靠上帝全權的恩典。成功的事奉只有一個關鍵，就交給上帝好了。在全權的恩典裏，我們作工，我們祈禱，我們不會失去信心。

帕丘卡（Pachuca）離墨西哥城（Mexico City）北部大約一小時車程，那是一個約有一百萬人口的城市，最初由英國人建立，他們在當地開採礦藏。英國人早已離開，遺下三樣東西。第一，足球——足球最先透過帕丘卡來到墨西哥。第二，玉米餡餅——墨西哥有小部分地區供應玉米餡餅，雖然是有紅番椒的辛辣玉米餡餅。第三，一座城市鐘樓，擁有與大笨鐘（Big Ben）同樣的內部機械裝置。當我指這座鐘樓說它的時間不準確時，我的東道主聳聳肩說：「啊哈！這是墨西哥時間呢！」（Mexican time；編按：不守時的謔稱）

我來到帕丘卡參觀「憐憫膀臂教會」（Arms of Mercy church）和它在當地的兒童工作。這所教會位於城市郊區，在一個迎風的山上，並在一間有破舊椅子和自製長木椅的鐵皮小屋聚會。好幾碼外是一個殘破的棚子，是他們為大約七十個當地兒童提供課後活動和膳食的地方。很多當地家庭沒水沒電。而因為地理位置使然，這地區在冬天十分寒冷。這樣説是有點老套，我知道，但他們接待人的力量，實在令人「震驚」。我感到我好像已經來到世界的邊緣。我們站在這個城市貧瘠的郊區，但就象徵意義來説，也是站在世界的邊緣。在這邊緣上，基督「憐憫的膀臂」透過祂教會的工作伸展開來。而世界基本上都看不見這一現實，但這一現實在這個地球上卻已複製了千百萬回。細小的、貧窮的、看不見的。這是成功。這些人是天國的英雄。這是教會的未來。

註釋

1. 有關這些經節在釋經上的爭論更詳細的討論，見 Peter T. O'Brien, *The Letter to the Ephesians* (Eerdmans; Apollos, 1999), 297 ～ 305，和 Harold W. Hoehner, *Ephesians: An Exegetical Commentary* (Baker, 2002), 547 ～ 551。
2. Emil Brunner, *The Mediator* (Lutterworth, 1934), 435.
3. C. René Padilla, " The Church of the Poor "（未刊稿，1999）。

結語：為上帝大發熱心

本書主張，教會的生活和宣教，是能夠並應該作出改變的。但是，教會的未來並不在於改變它的架構。比任何教會革命或宣教革新更為重要的，是為上帝大發熱心。欠缺這一點，我們所提出的所有原則和建議，都是徒然。上帝的榮耀和上帝的恩典是基督徒生活和宣教的命脈。

我們展示了一個異象，將福音的話語和福音羣體置於基督徒踐行的中心。我們稱之為「雙重效忠」，因為這描述出成為聖經所説的忠心究竟意味著甚麼。我們嘗試表明，這種雙重效忠或會涉及基督徒生活和宣教的不同範疇。

但是，我們的主張，不應被視為達致成功的祕訣，也不應被視為本真的事奉的保證。基督教並不是一個策略，也不是一套原則；基督教是與三一上帝的愛的關係。對基督徒的踐行而言，福音的話語和福音羣體必須是中心性的。但我們的心應定焦於上帝的恩典、上帝的愛與上帝的榮耀。基督徒存在的惟一真正中心，就是上帝自己。

很多人會因著教會的新形式或宣教的新形式而興奮不已。在某些圈子裏，「羣體」有點像個時髦的用語。但是，假如我們以上帝的恩典作開始——並繼續以它作開始——我們就會創建真正的基督徒羣體或宣教。於理論而言，羣體或許是令人興奮的；但在踐行方面，它也是令人痛苦和混亂不堪的。當你與人分享自己的生命，你可以肯定，你將會令彼此都感到厭煩！但是，恩典使我們謙卑，防止我們自誇，也不讓我們以為自己比別人優勝。恩典使我們學會愛。它提醒我們上帝對我們的愛，也提醒我們上帝對我們的弟兄姊妹的愛。我怎可以迴避、藐視或高傲地對待那些基督用自己寶血買贖回來的人呢（徒二十 28）？恩典是建立羣體的基礎。

奧古斯丁是首位以「愛上帝，然後隨己意行」來總結基督徒生命的人。我們年紀愈大，就愈被這句看似簡單的格言説服。保羅説：

> 我若能説萬人的方言，並天使的話語，卻沒有愛，我就成了鳴的鑼，響的鈸一般。我若有先知講道之能，也明白各樣的奧祕，各樣的知識，而且有全備的信，叫我能夠移山，卻沒有

> 愛，我就算不得甚麼。我若將所有的賙濟窮人，又捨己身叫人焚燒，卻沒有愛，仍然與我無益。（林前十三 1～3）

我們可以加上：假如我們切合文化，卻沒有愛，就算不得甚麼。假如我們傳講最好的道，卻沒有愛，我們就成了鳴的鑼。事實上，假如我們撰寫有關宣教和教會的著作，卻沒有愛，我們就只成了響的鈸！出席聚會、參與傳福音、能理解聖經、發起新的倡議、有美好的（或「激進的」）名聲，這一切本身，都算不得甚麼，除非它們發自內心，回應上帝**的**深深的、熱熾的愛，並且**為了**上帝而發出深深的、熱熾的愛。

十九世紀蘇格蘭牧師查爾美斯（Thomas Chalmers）講了一篇名為〈新愛的排拒力量〉（The Expulsive Power of a New Affection）的出色的道。他在當中認為，基督徒若不想愛世界，就必須更愛上帝。愛世界的心是我們的心早已預設了的，而我們惟有藉著一個更大的愛，才能與之斷絕。

> 〔福音〕得以來到我們自己的心門前，曾經坐在它寶座上的愛，會把之前的每一個伙伴都放於次要的位置之上，或是與之告別⋯⋯在福音中，我們定睛於上帝，而我們可以更愛上帝。這樣，也惟有這樣，當上帝被揭示為罪人信心

> 的對象時，以及當我們渴慕祂的心沒有冷卻下來，變成漠不關心時……當祂以被得罪的律法頒佈者的身分，廢除人對祂的恐懼時，以及當我們藉著信心——這是祂自己的禮物——在耶穌基督的臉上得見祂的榮耀時；並聽到祂懇求的聲音，以美善的旨意向人抗辯，並請求所有願意接受全然的寬恕和恩惠的接納的人回歸時……**只有那時候，遠高於對世界之愛的愛，遠長於世界之愛的愛，才會在重生中的心懷中生發**。當我們從愛不能居衷的奴僕的心中得釋，以及當我們藉著在耶穌基督裏的信心而得稱為上帝的兒女時，兒子的心便傾倒在我們身上——**只有那時候，我們的心，既降服於莊嚴偉大和統管一切的愛之下，它就從此前情慾的極權下得釋，以惟一能使解救成為可能的方式得釋**。[1]

查爾美斯的洞見之所以令人信服，在於其簡單樸實。愛上帝是福音偉大的果效。由關乎基督的好消息所產生的愛，是如斯有效，以致我們的心被俘虜和得安穩。正是這份愛，使世界的吸引力消滅，並讓我們有能力抵抗罪的試探。因此，我們一次又一次回到上帝的福音，即父、子和聖靈的福音。在祂一切救贖的榮耀中，我們必須重新調校我們的心思意念。當其他人與罪努力搏鬥，不要讓罪佔據了你的心思意念。提醒他們回到他們所敬拜的上帝，並把他們帶到十字架面前。在那裏，在一切榮耀的愛、聖潔和恩典中，祂讓人看見。

查爾美斯不怕將福音說成我們「定睛於上帝」的地方。相反，我們有時候將福音說成好像只不過是一系列命題，是我們在理性上所認同的。但是，福音並不只是關乎基督的資料：祂本身**是**好消息！上帝在這個福音的話語裏，並透過這個福音的話語，「叫我們得知上帝榮耀的光顯在耶穌基督的面上」（林後四 6）。

今天，有很多關於「福音牧者」、「福音工作」、「福音教會」等的討論。這樣使用「福音」一詞，自有很多冠冕堂皇的理由，因為其他身分的定義最終都是不充分的。但是，我們得小心，不要把我們的信仰去人化（depersonalize）。相信福音就是相信耶穌基督。以福音為中心就是以耶穌為中心。福音工作者是耶穌的僕人。我們必不可把基督教化約為理性的爭論，也不可使之化約為事奉的原則，儘管它們用連字符把自己與福音連接起來。我們的焦點必須是父、子與聖靈。

我喜歡已婚，但我喜歡已婚是因為它讓我與自己的妻子聯合。同樣，我喜歡福音，但我喜歡福音是因為它讓我與自己的救主聯合。我們並不是藉著原則和策略得救，而是靠著一個人得救。命題式的真理重要，儘管後現代主義對此表示存疑。但是，命題式的真理重要，是因為它指引我到那個人那裏，而那人就是真理；靠著恩典，我與祂建立關係。我小時候有人向我傳福音，當我的心向福音敞開時，我就與基督祂自己面對面。那正是為甚麼真正的福音宣講會溫暖我的心，因為當我聽到福音，聖靈就會再次把基督帶來，而祂會再次奪取我的心。

你有沒有留意到，我們可以論及教義，卻不願以親密的用語談論救主？我發現與其他基督徒談論宣教或教會，十分容易。我可以花一整天去討論羅馬書七章複雜的釋經問題。沒有甚麼比長時間討論教義中的某些問題，更令我愜意的了。但是，當對話轉到耶穌身上，我發現我變得結結巴巴！我猜想我不是孤單的。我參與各種會議超過二十五年了，在那些聚會中，甚少出現環繞救主的愛來開展的對話。這是多麼可悲的諷刺！在新約中的一個偉大的榮譽，乃是它包含了人稱所有格代名詞（personal possessive pronouns）：耶穌是**我的**救主和**我的**主；對**我**來說，祂是何等可愛，是萬人中最榮美的！看看保羅的自誇：「並且我如今在肉身活著，是因信上帝的兒子而活；他是愛**我**，為**我**捨己。」（加二 20）

彼得在他第一封書信的開首處，概述了這種榮耀和親密關係。使徒寫到那使我們重生的活潑的盼望（彼前一 3）。那個盼望關乎一個不能朽壞、不能玷污、不能衰殘、為我們存留在天上的基業（一 4～5）。此生會面對苦難，當中我們的信心會被試驗，但當耶穌最後顯現的時候，我們會得著上帝的稱讚（6～7 節）。在此期間，當我們等待之時，我們愛祂，相信祂，並「有說不出來、滿有榮光的大喜樂」（8 節）。

這正是為甚麼福音的話語和福音羣體是不可或缺的。假如我的心要「有說不出來、滿有榮光的大喜樂」，它就需要時常聽到那話語。而在上帝子民的羣體中，那話語會頻繁地和敏銳地被帶進我的生活中。聖靈透過祂的話語並在祂的子民當中動工，破碎這罪人的心並更新它，使我愛上帝——真實地、瘋狂地和深深地愛上帝。

註釋

1. 摘錄自 Thomas Chalmers, "The Expulsive Power of a New Affection" (Public domain)，強調為後加的。